Ali Can

Mehr als
eine Heimat

Ali Can

Mehr als eine Heimat

Wie ich Deutschsein neu definiere

Dudenverlag
Berlin

Für Mama und Papa

Inhalt

Einleitung

»Mama, das kann ich ihm nicht sagen.«

»Wieso nicht? Er hat dich schon mehrmals in sein Schloss eingeladen. Nun lädst du ihn ein, ganz einfach.«

»Als ob er meiner Einladung folgt. Er ist schließlich der Bundespräsident. Ich weiß nicht mal, ob er Döner mag.«

»Wir haben auch Schnitzel und Vegetarisches. Schau, Herr Steinmeier kennt deine Herkunft und weiß, was für eine Kultur wir haben. Gastfreundschaft spielt bei uns eine große Rolle. Er ist ja Bundespräsident von uns allen und wird das wissen und schätzen.«

»Okay, Mama, ich versuch's.«

Nur wenige Tage nach dieser kurzen Unterhaltung mit meiner Mutter nahm ich Anfang Oktober 2018 tatsächlich auf Einladung von Bundespräsident Frank-Walter Steinmeier an einer Veranstaltung im Schloss Bellevue teil. Ich saß mit im Publikum, während auf dem Podium über »Risse und Ressentiments« in der Gesellschaft diskutiert wurde. Als ich den Bundespräsidenten beim anschließenden Empfang traf, war ich doch etwas zu aufgeregt, um ihm die Einladung so direkt zu überbringen. Immerhin sagte ich ihm, dass meine Eltern einen Dönerimbiss besäßen, dass sie ihm dort im Fernsehen folgten und sich gut von ihm repräsentiert fühlten. Nachdem wir ein Foto gemacht hatten, erzählte ich ihm noch kurz, wie die Debatte um #MeTwo verlief. Diese von mir initiierte Twitteraktion war zu dem Zeitpunkt gut zwei Monate alt und hatte bereits hohe Wellen geschlagen. Vermutlich war ich deswegen zu der Veranstaltung eingeladen worden.

Was es mit dem Hashtag genau auf sich hat, was er für mich und viele andere Menschen mit Migrationshintergrund bedeutet, werde ich in diesem Buch schildern. Die gesellschaftliche Diskussion, die er ausgelöst hat, ist unglaublich wichtig und wird weitergehen. Wer gehört zu diesem Land, zu Deutschland? Was bedeutet Integration und wie gelingt sie? Was bedeutet Deutschsein?

Ich bin einer von Millionen Menschen in diesem Land, die sozusagen zwei oder mehr Seelen in der Brust haben. Für uns haben die genannten Fragen eine fundamentale Bedeutung, wie ich anhand der Geschichte meiner Familie und meines eigenen Werdegangs zeigen möchte. Gleichzeitig sind diese Fragen für jede und jeden in Deutschland von Relevanz, geht es doch letztlich darum, wie wir in Zukunft zusammenleben möchten und welche Werte uns wichtig sind.

Keine Frage: Unsere Gesellschaft sieht heute anders aus als vor dreißig, zwanzig, ja sogar nur fünf Jahren. Wir alle spüren, dass sich die Welt um uns herum rasant verändert. Das gilt nicht nur für technologische Entwicklungen, sondern vor allem auch für die biografischen Hintergründe der Menschen, die in Deutschland leben. Deren Spektrum wird zweifellos immer vielfältiger – bunter. Doch ob es uns gefällt oder nicht – es gibt nicht wenige Menschen, die diese Veränderung ablehnen, sei es aus Überzeugung oder aus einem Gefühl der Überforderung heraus. Dann heißt es zum Beispiel: »Das ist nicht mehr das Land, das ich kannte. Überall sehe ich nur noch Fremde.« Der Erfolg populistischer, radikaler Parteien und Demagogen hat vor allem damit zu tun, dass sie sich solche diffusen Ohnmachts- und Frustgefühle zunutze machen und ganz und gar auf Abgrenzung setzen. Ihr Motto lässt sich auf die simple Formel reduzieren: »Wir gegen die«.

Ich bin überzeugt, dass es einen besseren Weg gibt, einen Weg, der nicht auf ein Gegeneinander setzt, sondern auf ein Miteinander, nicht auf Ablehnung und Hass, sondern auf Offenheit und Respekt. Damit jede und jeder Einzelne von uns und damit die Gesellschaft als Ganzes sich weiterentwickeln können, müssen wir lernen, mit Veränderungen umzugehen und uns auf Neues einzulassen. Was wir dafür brauchen, sind Gelegenheiten und Räume, in denen wir reflektieren können und lernen, Ängste abzubauen und Vorurteile zu überwinden.

Nur weil viele sich eine solch tolerante, selbstbewusste und solidarische Gesellschaft erst einmal nicht vorstellen können, heißt das noch lange nicht, dass es naiv und utopisch ist, sie anzustreben. Wenn wir immer nur in der Vergangenheit nach Lösungen wühlen, wird die Gesellschaft von morgen nicht anders aussehen als heute und sie wird es immer schwerer haben, mit dem Wandel klarzukommen. Ich weiß: Die Komfortzone zu verlassen und über den Tellerrand zu schauen, war und ist nie leicht. Es erfordert manchmal Mut und Selbstüberwindung. Doch es lohnt sich! Ich versuche in diesem Buch eine neue Definition von Deutschsein. Es ist gleichermaßen eine bewusste Zumutung, eine Ermutigung und eine Einladung zum Gespräch über all das, was uns verbindet – ob wir nun einen Migrationshintergrund haben oder nicht, ob wir in der Uni oder im Schwimmbad das Gespräch führen, bei der Arbeit oder im Dönerimbiss.

1 #MeTwo. Jetzt reden wir

Was in der digitalen Welt passiert, bleibt längst nicht mehr dort. Das kann eine gute und eine schlechte Nachricht sein. Wenn eine Frau im Internet das erste Mal frei über ihre Erfahrung mit sexueller Gewalt schreiben kann und danach auch andere Frauen den Mut fassen, sich den Missbrauch von der Seele zu schreiben, Veranstaltungen, Demonstrationen und Treffen organisieren und so eine internationale Bewegung wie MeToo (»Ich auch«) entsteht – dann ist das eine gute Nachricht. Wenn Menschen aber ihren Hass in Kommentarspalten herausschreien – auch ihren Hass auf viele dieser mutigen Frauen – und sich so finden und offline organisieren, dann ist das eine schlechte Nachricht. Die Geschichte von #MeTwo (»Ich zwei«) ist eine gute Nachricht. Davon bin ich fest überzeugt. Mag all das auch mit Schmerz und Ausgrenzung verbunden sein, und mag die Geschichte von #MeTwo dort, wo der Hass bereits loderte, noch mehr Hass entfacht haben: Sie bleibt eine gute Nachricht, die uns hier in Deutschland und weltweit näher zusammenbringen kann.

Die Causa Özil

Aber beginnen wir von vorn: Was ist #MeTwo? Und wie kam es dazu? Um diese Fragen zu beantworten, gehen wir noch einmal zurück in den heißen Sommer 2018. Die meisten von uns werden sich gut daran erinnern – auch wenn sie es am liebsten vergessen würden –, wie das deutsche Team bei der Fußball-WM in Russland kläglich in der Vorrunde scheiterte. Danach hätten wir viele Dinge diskutieren können, zum Beispiel, warum im Sport Sieg und Niederlage nah beieinanderliegen. Doch in der öffentlichen Debatte ging es nur noch am Rande darum, wie das Runde ins Eckige kommt. Im Vordergrund standen stattdessen Fotos der Nationalspieler Mesut Özil und Ilkay Gündoğan mit dem türkischen Präsidenten Recep Tayyip Erdoğan. Wie konnten zwei deutsche Nationalspieler lächelnd neben dem Staatsoberhaupt der Türkei stehen und Trikots in die Kamera halten? Neben dem Mann, der in der Bundesrepublik mittlerweile als Synonym für die Beschneidung von Pressefreiheit und eine religiös-nationalistische Politik gilt. Der regierungskritische Demonstrationen in der Türkei niederschlägt und seit dem gescheiterten Putschversuch 2016 Zehntausende, die er als Verschwörer sieht, hat verhaften lassen. Darunter auch den deutschen *WELT*-Korrespondenten Deniz Yücel, der erst nach über einem Jahr im türkischen Knast wieder freikam.

Als im April 2017 die Mehrheit der in Deutschland lebenden Türkeistämmigen mit einem Doppelpass in einem Referendum mit dafür sorgten, dass Erdoğan zum Staatschef und Regierungschef in einem werden konnte, brachte das die sowieso schon wackeligen deutsch-türkischen Beziehungen weiter ins Wanken.[1] Wie konnten sich Menschen, die in der Demokratie in Deutschland leben, gegen die Demokratie in der Türkei aussprechen? Was sagt das über die Integration der Türkeistämmigen hierzulande aus? Diese Fragen zogen mit viel Tamtam und wie in einem Wanderzirkus durch politische Talkshows und Zeitungsberichte. Aber statt differenziert gesamtgesellschaftlich Bilanz zu ziehen, gaben die lauten Stimmen den Ton an: Wer die Demokratie mit Füßen trete, der solle doch abhauen. Diese Meinung hört man bis heute immer wieder, keineswegs nur von rechten Politikern. Dass Erdoğan Europa obendrein mit dem Flüchtlingsdeal politisch unter Druck setzte, polarisierte die öffentliche Meinung zusätzlich.

Und dann kam die Causa Mesut Özil. Nicht nur die *BILD*-Zeitung konnte sich an dem Foto mit Erdoğan und Özil gar nicht mehr sattsehen. Sehr vielen Medien ging es nicht darum, sachlich zu diskutieren. Erdoğan nutzte den Fototermin ganz klar für seine Wahlkampfzwecke. Wäre da nicht ein perfekter Moment gewesen, noch genauer hinzuschauen, was in der Türkei unter Erdoğan passiert? Auch, um einem wie Özil, der das Foto später gefährlich naiv als unpolitisch beschrieb, den Spiegel vorzuhalten. Und nicht bloß ihm, sondern auch denjenigen in Deutschland lebenden Türken, die der Politik Erdoğans allzu unkritisch gegenüberstehen.

Die Berichterstattung über Özil schlug jedoch einen anderen Weg ein. Man hatte sich bereits eine Meinung über den Kicker gebildet. »Er pilgert nach Mekka und liebt eine Miss Türkei«, exotisierte zum Beispiel die *BILD* den Nationalspieler nach dem WM-Aus.[2] Der ARD-Journalist Constantin Schreiber wiederum postete das Foto mit Erdoğan und schrieb dazu: »Alles, was in Sachen Integration schief laufen kann, in einem Bild.«[3] Auch in der Debatte um die fußballerische Leistung lieferten manche Medien fragwürdige Beiträge: So forderte der Sender ProSieben Özil via Twitter zum Rücktritt auf (um sich nach Kritik wieder dafür zu entschuldigen).[4] Die *WELT* und die *FAZ* urteilten über die »schwache« Leistung der Nationalmannschaft und zeigten dazu ausgerechnet ein Bild von Özil – dabei hatte er vor allem im entscheidenden Spiel gegen Südkorea die meisten Torvorlagen geliefert.[5]

Dass manche Personen aus Medien und Politik gern und schnell mit Vorurteilen hantieren, hatte mich nicht wirklich überrascht. Ziemlich betroffen machte mich aber ein an Özil gerichteter Tweet des Co-Geschäftsführers des Deutschen Theaters in München, Werner Steer: »Hallo du Idiot, du hast in der deutschen Nationalmannschaft nichts zu suchen. Verpiss dich nach Anatolien.«[6] Anatolien? Wieso soll er ausgebürgert werden?, dachte ich. In meiner Schulzeit habe ich selbst viel Theater gespielt. Ich liebe die deutsche Bühne. Kulturschaffende und ihre Institutionen hatte ich eigentlich immer als besonders weltoffen, differenziert und zivilisiert wahrgenommen. Ähnlich schockierend fand ich, was der SPD-Stadtrat Bernd Holzhauer aus dem hessischen Bebra auf Twitter schon vor der WM zur Kaderaufstellung von Jogi Löw losließ: »das vorläufige deutsche Aufgebot zur WM – 25 Deutsche und zwei ***********«.[7] Ich habe mich entschieden, das Schimpfwort hier nicht auszuschreiben, denn ich möchte dieses rassistische Stereotyp nicht reproduzieren. Beide, Steer und Holzhauer, zeigten sich nach einer gewissen Medienempörung reumütig und löschten ihre Einträge. Eine typische Rassismus-Dynamik, die wir sonst als populistische Strategie von AfD-Politikern kennen: Etwas Rassistisches in die Welt posaunen, Kritik ernten und dann behaupten, dass im Moment des Schreibens mit einem wohl die Pferde durchgegangen seien.

Ob Steer und Holzhauer sich jemals darüber Gedanken gemacht haben, wie ihre Beiträge auf Menschen, die von Rassismus betroffen sind, wirken könnten? Wenn es schon ein SPD-Politiker und ein Theatermensch nicht schaffen, sich diskriminierungsfrei und differenziert zu äußern – wie sollten das andere tun? Für mich sind öffentliche Reaktionen wie diese symptomatisch für eine zunehmende Enthemmung rassistischen Gedankenguts in der »Mitte« der Gesellschaft und generell für das Fehlen einer zivilisierten Streitkultur bei politisch brisanten Themen.

Was mich an all den aufgeladenen Meldungen und aufgeregten Stimmen zum WM-Debakel und zur Causa Özil nachhaltig verstörte, war ein regelrechtes Ausbürgerungsdenken, das zum Vorschein kam: Sobald Deutsche mit Migrationshintergrund Fehler machen, wird die Tatsache dieses »Hintergrunds« extrem herausgestellt. Wer in Deutschland mit Skandalen »durchkommen« will, ohne dass ihm gleich das Deutschsein abgesprochen wird, muss schon Gerhard Schröder, Oliver Kahn oder Lothar Matthäus heißen – sie alle haben sich ebenfalls bereitwillig mit hierzulande kontrovers diskutierten Politikern und Staatsoberhäuptern wie dem russischen Präsidenten Wladimir Putin oder dem saudischen König ablichten lassen.

Klar ist: Die Causa Özil wäre anders verlaufen, wenn es zuvor nicht die völlig überzogenen, aber vielsagenden Vorstellungen von ihm als »Mustermigranten« gegeben hätte. Nicht nur für den DFB bediente er das attraktive Narrativ (man könnte auch sagen: Klischee) »vom türkischen Migrantenkind zum integrierten deutschen Nationalspieler«. Man hatte ihm, der wohlgemerkt im »Pott« geboren ist, sogar einen Integrationsbambi verliehen. Wenn gelungene Integration aber so eng mit herausragender sportlicher Leistung verknüpft wird, fällt das Kartenhaus zwangsläufig irgendwann in sich zusammen. Auch ein exzellenter Fußballer wie Özil spielt mal schlecht – und schießt eben nicht immer Tore für Deutschland. Dass Heranwachsende wie ich Özil als Integrationsvorbild genommen haben, erscheint mir heute deshalb als fragwürdig. Bin ich nur integriert, wenn ich besondere Leistungen abliefere?

Özil ist ein Profifußballer, der in der komplexen Marketingmaschinerie des Deutschen Fußballbunds und in der hiesigen

Politik scheinheilig als integriert bezeichnet wurde. Und dieselben Menschen, die ihm dieses Integrationssiegel von außen aufgedrückt hatten, nahmen ihm das dann auch wieder weg, als er aus ihrer Sicht Fehler machte.

Wie viele Jungs und Mädels mit ähnlichem kulturellem Hintergrund aus meiner Generation habe ich zu Özil aufgeschaut. Das war einer, der es geschafft hat, dachten wir. Der voll und ganz akzeptiert ist. Dessen Trikot auch von vielen Deutschen ohne Migrationshintergrund getragen wird. Umso ernüchternder waren die Ereignisse im Sommer 2018. Nach der Veröffentlichung des Erdoğan-Fotos mussten wir mit ansehen, wie Özil regelrecht zum Feindbild wurde. Im Internet wuchs der Hass gegen einen, der angeblich nicht entschieden genug zu Deutschland steht und es folglich auch nicht vertreten darf. (Gündoğan erging es anders. Er hat keine doppelte Staatsangehörigkeit, nicht so viele Fans wie Özil und war nie öffentlich zum Integrationshelden stilisiert worden. Daher blieb ihm ein ähnlicher medialer Shitstorm erspart.)

Das Problem war längst nicht mehr, was Özil fußballerisch geleistet hatte oder dass er sich mit Erdoğan hatte ablichten lassen. Nun ging es auf einmal nur noch darum, wer er *eigentlich* ist. Man verlangte Klarheit von ihm: Bist du Türke oder Deutscher? »Gibt es Kriterien, ein vollwertiger Deutscher zu sein, die ich nicht erfülle?«, fragte Özil schließlich in seiner in sozialen Medien veröffentlichten Erklärung, mit der er sich nur einen Monat nach dem WM-Aus aus der Nationalmannschaft verabschiedete. Darin schrieb er auch über Morddrohungen gegen ihn und seine Familie. Und darüber, wie der Deutsche Fußballbund ihm in dieser schwierigen Zeit den Rücken gekehrt habe. »In den Augen von Grindel und seinen Helfern bin ich Deutscher, wenn wir gewinnen, und ein Migrant, wenn wir verlieren.«[8] Autsch.

Özil war nicht nur selbst tief getroffen, er brachte für viele auch eine schmerzhafte Erkenntnis auf den Punkt, die letztlich den jahrzehntelangen Umgang mit Migrantinnen und Migranten in Deutschland betrifft: Sie sind Deutsche, wenn sie funktionieren, und Immigranten, wenn sie nicht funktionieren, ungemütlich werden oder Fehler machen.

»Wenn ich treffe, bin ich Franzose. Wenn nicht, bin ich Araber.«[9] Ähnliche Worte, anderes Land. Sie stammen vom französischen Stürmer Karim Benzema. Ich und viele andere Menschen mit Migrationshintergrund wissen ganz genau, was er und Özil spüren. Denn wir spüren es ja auch, jeden Tag. Wir werden ausgegrenzt, wir merken, dass wir oft als »anders« wahrgenommen werden, weil man uns zum Beispiel in gewissen Bereichen benachteiligt – wenn wir eine Wohnung suchen, uns auf eine Stelle bewerben oder einfach nur zum Tanzen in einen Club reinwollen. Diesen Umgang erfahren wir immer wieder, sosehr wir uns auch anstrengen, Teil der Gesellschaft zu sein. Um Ausgrenzung zu erleben, müssen wir uns nicht erst mit Erdoğan fotografieren lassen. Diskriminierung erleben wir auch so.

Die meisten von uns, die mehr als eine Sprache sprechen oder für die Heimat nicht nur ein einziger Ort ist, wissen genau, wie in der Regel über uns geurteilt wird, sobald wir aus der Reihe tanzen und die Erwartungen nicht erfüllen. Du sitzt zwischen den Stühlen. Du fühlst dich unsicher, weil du nicht weißt, wann du das nächste Mal wieder als Migrant oder Fremder abgestempelt wirst. Unübersehbar standen für uns, die wir wie Özil einen Migrationshintergrund haben, zwei zentrale Fragen im Raum, auf die nicht nur wir eine Antwort geben müssen, sondern auch die Mehrheitsgesellschaft: Ab wann sind wir integriert? Und wird man uns überhaupt jemals als Deutsche betrachten?

Özils Rücktritt hat sich nicht nur auf mich, sondern auch auf viele andere Menschen mit Migrationshintergrund ausgewirkt und für viel Verunsicherung gesorgt. Im RBB-Fernsehen erzählte etwa der Integrationsbeauftragte des Berliner Fußball-Verbandes, Mehmet Matur, nach Özils Rücktritt hätten viele Jugendliche mit ähnlichem kulturellem Hintergrund Angst, wenn sie in der Türkei Urlaub machten und Fotos vor der türkischen Flagge entstünden. »Muss ich dann befürchten, dass ich auch aus der Mannschaft rausfliege?«, fragten sie Matur.[10]

Özils anfängliches Schweigen nach der Veröffentlichung der Fotos sorgte für dieses unangenehme Vakuum, das von gewissen Medien gerne mit Material gefüllt wird. Stille entfacht das Bedürfnis nach Deutungen und Kommentaren. Wir bewegen uns in einem medialen Umfeld, in dem wir nicht warten können, bis sich jemand selbst äußert – zu groß sind die Sensationsgier und die Urteilslust. Und zu stark war in Özils Fall das Bedürfnis nach Sündenböcken und Schuldigen. Was Kolumnisten und das Netz so richtig rasend machte, als Özil sich dann doch zu Wort meldete, war sein Rassismus-Vorwurf gegenüber Journalisten, Hatern, Politikern und Sportfunktionären. Sofort wurden seine Anschuldigungen als »schwachsinnig« abgetan. Hier wolle einer bloß wieder rumjammern und die Rassismus-Keule schwingen? Klar, Özil war getroffen und reagierte emotional. Die Kritik an seiner Leistung, vermischt mit der Frage nach seinen Werten, hatte ihn tief verletzt.

Der Frust, der sich in Özils Statement ausdrückte und der sich offenbar lange angestaut hatte, machte mich betroffen – und ich war ja auch buchstäblich betroffen. Es war zu befürchten, dass das krachende öffentliche Scheitern einer vermeintlich positiven Integrationsgeschichte vor allem Wasser auf die Mühlen der Rechtspopulisten gießt.

Der Startschuss fällt

Ich war keineswegs der Einzige, dem es so ging. In den sozialen Medien rumorte es gewaltig. Es herrschte offenkundig enormer Redebedarf. Und ich hatte immer stärker das Bedürfnis, etwas dazu beizutragen, dass die Leute hier in Deutschland offen, ehrlich und fair über Diskriminierung sprechen und gehört werden konnten.

Und so kam mir letztlich die Idee zu #MeTwo. »Ein Foto mit Erdoğan als unpolitisch zu bezeichnen, ist im besten Fall naiv. Aber Mesut Özil ist nicht der einzige Spieler, der wegen seiner Herkunft angefeindet wird – und bei Weitem nicht der einzige Mensch. Es wird Zeit für ein #MeToo der Menschen mit Migrationshintergrund, die sich tagtäglich diskriminiert sehen.«[11] So kommentierte ich im Juli 2018 das öffentliche Foulspiel an Özil.

Der Startschuss für #MeTwo fiel in Kooperation mit dem Onlinemagazin *Perspective Daily*. Warum habe ich mich für diese Zusammenarbeit entschieden? Weil die Redaktion von *Perspective Daily* bislang die einzige in Deutschland ist, die sich voll und ganz dem sogenannten Konstruktiven Journalismus verschrieben hat – einem Journalismus gegen die mediale Weltuntergangsstimmung. Die Frage »Wie kann es weitergehen?« ist für die Autoren und Autorinnen von *Perspective Daily* zentral. Eine wirklich wichtige Frage, die ich mir auch immer wieder stelle. Denn in wissenschaftlichen Studien wurde mittlerweile nachgewiesen, dass das Bild der meisten Menschen von der Welt negativer ist, als es objektive Daten eigentlich hergeben (nicht nur bei Migrationsthemen). Einer, der sich mit diesem Phänomen eingehend beschäftigt hat, war Hans Rosling, ein schwedischer Professor für Internationale Gesundheit. Rosling sammelte Fakten, um zu beweisen: Die Welt ist besser, als wir denken und vor allem fühlen. In seinem inzwischen berühmten »Ignoranztest«[12] stellte er zum Beispiel Fragen zur Entwicklung der extremen Armut oder zur Alphabetisierungsrate weltweit. Nur etwa sechs Prozent der befragten Deutschen gaben eine richtige Einschätzung ab.[13] Die meisten sahen die Welt viel pessimistischer, als sie ist. Das kann zu Stress führen, macht zynisch und im schlimmsten Fall hilflos. Den Machern von *Perspective Daily* geht es darum, bei Problemen nicht den Kopf in den Sand zu stecken und das kritisch-konstruktive Denken anzukurbeln – und das immer in einem unaufgeregten, reflektierten Ton.

Ich finde diesen Ansatz mehr als sympathisch. Es ist wichtig, nach vorne zu schauen und Lösungen aufzuzeigen, statt immer nur zu klagen. Deshalb bin ich auch Sozialaktivist: Statt mich bei Herausforderungen in einer Problem-Trance zu verlieren, möchte ich die Energie in nach vorne gerichtete Aktionen stecken.

Mit dem Magazin kam ich 2017 in Kontakt, als ich mein erstes Buch *Hotline für besorgte Bürger* veröffentlichte. Die Journalistin Juliane Metzker, die über Migration und arabische Welten schreibt, führte mit mir ein Interview über das Buch, und danach blieben wir in Verbindung. Auch weil ich als Reporter für das junge Format WDR COSMO bereits journalistische Erfahrungen gesammelt hatte und mehr in dieser Richtung machen wollte. Das, woran Juliane und ich dann tatsächlich zusammenarbeiteten, war allerdings um einiges größer, als wir es uns jemals hätten träumen lassen.

Nachdem ich auf Facebook geschrieben hatte, dass Menschen mit Migrationshintergrund eine Bewegung bräuchten ähnlich der zu #MeToo, erreichten mich einige Nachrichten: »Mach du das, Ali!«, »Gute Idee!«, »Warum nicht?!« – Ja, warum eigentlich nicht?, dachte ich mir dann auch. Irgendjemand musste ja den Anfang machen. So rief ich am 24. Juli morgens Juliane an.

Sie war gleich offen für meine Idee, und wir entschieden, die Sache noch am selben Tag anzugehen: Wir wollten mit einem Hashtag in sozialen Medien Menschen dazu ermutigen, über ihre Rassismuserfahrungen in Deutschland zu erzählen. (Für alle, die nicht wissen, was ein Hashtag ist: Es ist ein Begriff, dem eine Raute – also das #-Symbol – voransteht. Damit bündelt man online in Foren und Kurznachrichtendiensten wie Twitter Themen, die dadurch leichter gefunden und zugeordnet werden können.)

Klar, das Thema Rassismus ist nicht neu, und es hat durchaus schon einige Internetaktionen dazu gegeben. Aber es ist doch so: Jedes Mal, wenn in Deutschland Alltagsrassismus thematisiert wird, wird er auch genauso schnell wieder aus dem öffentlichen Diskurs verdrängt. Das ließ sich beispielsweise beobachten, als der AfD-Vorsitzende Alexander Gauland meinte, so einen wie Fußball-Weltmeister Jérôme Boateng wollten »die Leute« ja nicht zum Nachbarn haben. Bei aller Aufregung hieß es ganz schnell wieder: Rassismus? Nein, so was gibt es hier nicht! Genau dasselbe wäre nach der Özil-Geschichte beinahe wieder passiert.

Deshalb wollten Juliane Metzker und ich einen Hashtag kreieren, der zwei Aspekte vereint: Er sollte Alltagsrassismus in Deutschland sichtbar machen und zugleich dafür werben, dass Menschen mit einer pluralen Identität endlich akzeptiert werden. Den kleinen gelben Zettel, auf dem wir dann einen Namen erörterten, hält Juliane bis heute in Ehren. In zwei Reihen stehen darauf Formulierungen, die in verschiedenen Variationen Diskriminierung und Migration abbilden sollten: #MigToo für »MigrationToo«, #MiToo oder noch deutscher: #MiAu (»Mir auch«). Am Ende hätte aber wohl keiner dieser Vorschläge die Botschaft so gut transportieren können wie #MeTwo. Die Nähe zu MeToo besteht nicht nur in der Aussprache, sondern auch inhaltlich: Sowohl bei MeTwo als auch bei MeToo schildern Betroffene ihre Erfahrungen mit Diskriminierung.

Hinter »Ich zwei« verbirgt sich nicht nur die Kritik an den Umständen, sondern darüber hinaus auch eine ermutigende Botschaft an all jene, die Identität nicht als Einbahnstraße begreifen. Dieser perspektivische, konstruktive Aspekt war mir enorm wichtig! Die Zahl Zwei in dem Hashtag ist eher als Variable gemeint und steht für mehr als eine kulturelle Prägung und Bindung. In diesem Sinne sollte die von mir hier im Buch häufiger verwendete Anspielung auf die Redewendung »zwei Seelen schlagen in der Brust« nicht immer wortwörtlich verstanden werden. Sie steht vielmehr für eine plurale Identität. Die Zwei drückt aus, dass man einerseits deutsch ist und gleichzeitig etwas hat, das von außen als der »ausländische Teil« gelesen wird. Welche Bedeutung genau dahintersteckt, habe ich dann in einem Video erklärt, das den eigentlichen Startschuss für #MeTwo gab. Großes Kino war das zwar nicht, aber es fasste unser Anliegen zusammen:

Özil will nicht mehr für die Nationalmannschaft spielen, weil er von vielen rassistisch angefeindet wurde. Er ist nicht der einzige Spieler, der wegen seiner Herkunft diskriminiert wurde – und bei Weitem nicht der einzige Mensch. Auch ich habe einen Migrationshintergrund und den sieht man mir an. Was man mir aber nicht glauben will, ist, dass ich für demokratische Werte einstehe. Auch ich wurde deshalb schon oft diskriminiert – in der Disko, in sozialen Medien oder bei der Wohnungssuche.
Gestern habe ich für *Perspective Daily* kommentiert, dass wir eine neue Debatte über Alltagsrassismus brauchen. Eine echte #MeToo-Debatte für Menschen mit Migrationshintergrund. So viele

von euch fanden die Idee super und deswegen gibt es ab heute einen neuen Hashtag. #MeTwo ist der neue Hashtag gegen Diskriminierung von Minderheiten.

Warum 2? Weil ich mehr bin als nur eine Identität. Ich fühle mich in Deutschland zu Hause, habe hier Freunde und gehe hier arbeiten – und gleichzeitig kann ich mich auch zu einer anderen Kultur, einem anderen Land verbunden fühlen. Weil das Land mich beispielsweise geprägt hat, meine Eltern dort geboren sind oder ich die Sprache mag. Die 2 Seiten verschmelzen, stehen nicht im Widerspruch. Ich bin nicht nur deutsch, weil ich mich an die Regeln halte oder Erfolg habe, ich bin es immer und auch das andere. Das ist wertvoll für mich, das ist wertvoll für alle. Unsere Gesellschaft ist keine Monokultur. Deshalb: #MeTwo. Welche Erfahrungen habt ihr mit Diskriminierung gemacht? Lasst uns endlich frei darüber sprechen mit dem Hashtag #MeTwo.[14]

Let's talk!

Am 24. Juli 2018 nahm ich das Video im VielRespektZentrum in Essen (dazu später mehr) auf, und noch am selben Abend teilten wir es dann in den sozialen Medien. In kurzer Zeit wurde der Aufruf von Hunderten Menschen weiterverbreitet. Die Kommentare darunter reichten von »Vollste Unterstützung« für die Aktion bis hin zu dem erwartbaren Augenrollen »Nicht noch so eine Rassismusdebatte«. Aber das hier war gerade nicht »noch so eine«, sondern viel mehr. Das zeigte sich spätestens zwei Tage darauf, als sich mittlerweile Tausende online trauten, ihre Diskriminierungserfahrungen zu schildern. Darunter waren beeindruckende und, ja, bedrückende Beiträge. Bevor Betroffene einige dieser Tweets lesen, möchte ich davor warnen, dass die hier geschilderten Situationen eventuell alte Wunden aufreißen können:

Mein erster Tag auf dem Gymnasium 2003. Erstes Mal Pausenhof. Ich hatte Dreadlocks.
Ältere Kinder: Du Affe, das ist nicht die Baumschule mit deinem Palmenkopf! Das ist das Gymnasium! Was hast du hier zu suchen?!? Ich: 💔 #MeTwo[15]

#metwo 7.Klasse Elternsprechtag, 1er-Schüler: Meine Mutter wird v.d. Lehrerin nach meinem Berufswunsch gefragt. Auf »Arzt« erwiderte d. Lehrerin, als Ausländerkind solle ich mir d. abschminken. 27Jahre später bin ich leitender Oberarzt u. ärgere mich noch immer über sie.[16]

Als Kind dabei zusehen, wie die Eltern wüst von Fremden beschimpft werden (für ihr schlechtes Deutsch oder einfach nur ihre Existenz). Aber sie können dich nicht beschützen und du sie auch nicht. #Metwo[17]

»hier kommt noch einer, sach (sag) mal.. gibt es keine deutschen Ärzte mehr?!«.. ein Patient, den ich in der überfüllten Notaufnahme versorgen musste, zu seiner Freundin.. #MeTwo[18]

Wenn du über Immoscout freie Wohnungen kontaktierst & einfach keine Antwort bekommst, aber die deutsche Freundin bei gleichen Angeboten sofort Antworten erhält. Nach Ehe & Namensänderung hat sie auch keine Antwort mehr bekommen.[19]

»Schau mal, das Netz explodiert!« Ich war gerade unterwegs, als mir eine Bekannte diese Nachricht schrieb. Dann öffnete ich Twitter und war platt. Ich traute meinen Augen nicht. Innerhalb weniger Stunden wurde #MeTwo am 26. Juli 2018 zu einem der am meisten frequentierten Hashtags in Deutschland.

Das war eine beachtliche Leistung, denn an jenem heißen Julitag trendete ansonsten vor allem das Schlagwort #Hitze. Und hitzig ging es auch im Netz zu: Plötzlich las ich von so vielen anderen, dass sie sich genauso fühlten wie ich. Allmählich dämmerte mir, was wir hier losgetreten hatten. Das ständige Kleinhalten und Verharmlosen von Rassismusthemen, dieses paternalistische »Stell dich mal nicht so an!« hatte eine beträchtliche Anzahl von Menschen in diesem Land ganz einfach satt. Nun war für sie der Moment gekommen, aus ihrer Perspektive über das Leben mit Migrationshintergrund zu schreiben. Viele hatten schon daran gezweifelt, dass wir als Betroffene wirklich eines Tages ernsthaft über Rassismus in Deutschland sprechen würden. Dass wir einen so großen Resonanzraum dafür bekämen. #MeTwo zeigte uns und allen anderen: Wir bilden uns die Diskriminierung nicht ein. Sie ist real. Dabei waren die Beiträge selbst keineswegs pauschale Rassismus-Unterstellungen, im Gegenteil: Die allermeisten, die sich zu Wort meldeten, erzählten ehrlich und direkt von dem, was sie erlebt hatten. Zehntausende Geschichten, die sich Menschen auf diese Weise von der Seele schrieben, verkündeten laut und deutlich: Ob in der Schule, bei der Wohnungssuche oder im Krankenhaus – wer in Deutschland einen Migrationshintergrund hat, kann an vielen Stellen Probleme bekommen, ohne irgendetwas falsch gemacht zu haben. Und das Ganze hat System.

Rückblickend waren die darauffolgenden intensiven Wochen sozusagen der erste Schritt, der in keiner Rassismusdebatte fehlen darf: Erst einmal sprechen die Betroffenen, die Nichtbetroffenen hören zu. Für all die, die damals #MeTwo nicht von Anfang an mitverfolgt haben oder kein eigenes Twitter-Profil besitzen: Im Internet – beispielsweise auf Twitter, Instagram oder Facebook – lassen sich unter dem Suchbegriff #metwo die meisten Anekdoten und Meinungen nach wie vor finden. Damit kann man sich ein eigenes Bild machen.

Natürlich war die Aktion nicht einfach nur als Ventil gedacht: einmal heiße Luft ablassen und schauen, wie sie verpufft. Unser Ziel war, am Ende konkrete Handlungsfelder abstecken zu können, und alle, die sich mitgeteilt haben, haben dabei geholfen. In der ersten Woche nach dem Start des Hashtags posteten insgesamt 39 000 Accounts beziehungsweise Benutzerkonten mit #MeTwo.[20] Das wäre in etwa so, als hätten sich alle Einwohner der Kleinstadt Schwäbisch Hall auf einer Plattform registriert und Beiträge veröffentlicht. Der Großteil der deutschen Gesellschaft weiß sicher nicht, was jeden Tag so in Schwäbisch Hall los ist. Genauso verhielt es sich mit #MeTwo – von außen schaut man auf eine Blackbox, deren Inhalte durch Medien gefiltert werden und in diesem Zustand zu einem selbst durchsickern. Was geschah also wirklich?

Juliane Metzker und der Datenanalyst Luca Hammer konnten mithilfe einer Datensammlung genau nachzeichnen, wie sich der Hashtag entwickelte. Luca nutzte die Programmierschnittstelle (API) von Twitter, um alle öffentlichen Tweets, die den Hashtag #MeTwo enthielten, zu sammeln. So konnte er untersuchen, zu welchem Zeitpunkt wie viele Tweets veröffentlicht wurden, welche Begriffe besonders häufig vorkamen, welche Nutzer wie viele Tweets veröffentlichten und welche Accounts am häufigsten weiterverbreitet wurden.

Die ersten fünf reichweitenstärksten Tweets mit #MeTwo veröffentlichte der Journalist Malcolm Ohanwe. Darin beschrieb er, wie er in der Schule und bei der Arbeit aufgrund seiner Hautfarbe und seiner Herkunft diskriminiert wurde. Die oben schon zitierte Geschichte von dem kleinen Jungen mit den Dreadlocks an seinem ersten Schultag ist Malcolms. Er ist gut in der

Aktivistenszene vernetzt, die sich gegen Rassismus engagiert. Seine #MeTwo-Beiträge erreichten also direkt die Multiplikatoren. Die wiederum teilten Malcolms Tweets und schrieben neue mit ihren eigenen Erfahrungen. In den folgenden Stunden kamen so Dutzende Nachrichten von Betroffenen zusammen, die über Twitter miteinander vernetzt sind. Zu ihnen zählte auch eine Anti-Rassismus-Aktivistin, die unter dem Pseudonym Ash viel zu diesen Themen twittert.

Dass selbst Aktivisten und Aktivistinnen wie Malcolm und Ash bei #MeTwo mitmachten, war nicht selbstverständlich. Immerhin führen sie oft schon seit Jahren den Kampf gegen Rassismus, und nicht selten ernten sie dafür einen Haufen Frustration oder im schlimmsten Fall Anfeindungen.

Am 26. Juli 2018 wurden im Sekundentakt Hunderte Tweets geteilt und kommentiert. Bald bekamen auch die Medien spitz, dass sich da etwas Größeres tat, und begannen zu berichten: »#MeTwo offenbart alltäglichen Rassismus in Deutschland« (*Süddeutsche Zeitung*)[21], »Twitter-User teilen unter #MeTwo gerade ihre krassen Erfahrungen mit Rassismus« (*Neon*)[22], »Nach Özil-Rücktritt: Twitter-Nutzer teilen unter #MeTwo ihre Rassismus-Erfahrungen im Alltag« (*Meedia*)[23]. Ein Artikel jagte den nächsten, und mein Handy summte ständig. Presseanfragen hier, Presseanfragen dort. Ich war gar nicht darauf vorbereitet, eine Art Kampagne zu leiten, wusste aber, dass ich jetzt liefern musste. Für die Interviews mit internationalen Medien musste ich mir Hilfe holen. Mein Englisch ist nämlich, gelinde gesagt, ausbaufähig.

Es dauerte nicht lange, dann war #MeTwo auch in der Politik »ganz oben« angekommen – im Bundestag. Als eine der Ersten meldete sich die Linken-Abgeordnete Katja Kipping zu Wort. Sie teilte meinen Aufruf bei Facebook mit den Worten:

Gern unterstütze ich die Initiative von Ali Can für einen Antidis-
kriminierungs-Hashtag. Auch wer nicht im geringsten Verdacht
steht, ein Rassist zu sein, hat mitunter kaum eine Vorstellung
davon, was es bedeutet, für seine Herkunft oder sein Aussehen
diskriminiert zu werden und was rassistische Diskriminierung in
Menschen anrichtet.[24]

Auch Außenminister Heiko Maas (SPD), der sich in den darauffolgenden Tagen über das Image von Deutschland in der Welt
nach #MeTwo Sorgen machte, reagierte sehr schnell:

> #MeTwo hat bei Weitem nicht nur mit »Alltagsrassismus« zu tun.
> Denn: Was soll das sein? Wir müssen begreifen: Gerade der flap-
> sige Spruch bei der Arbeit oder die verächtliche Geste in der Bahn
> können manchmal schmerzhafter sein als die platten Parolen
> von Halbstarken mit Glatzen.[25]

Cem Özdemir von der Partei Bündnis 90/Die Grünen, einer der
ersten Abgeordneten im Bundestag mit türkischen Eltern, machte
gleich bei #MeTwo mit. Er teilte seine eigene Erfahrung mit Rassismus:

> In der 4. Klasse fragte der Lehrer, auf welche weiterführende
> Schule wir gehen wollten. Ich hob den Arm beim Gymnasium.
> Der Lehrer lachte, dann stimmte die ganze Klasse mit ein. Mein
> Wunsch war das eine, meine Noten das andere. In der 5. kam ich
> auf die Hauptschule. #MeTwo[26]

Viele weitere Mitglieder des Bundestages brachten zum Ausdruck,
dass sie die Debatte verfolgten und wohlwollend unterstützten.
Bundespräsident Frank-Walter Steinmeier lud daraufhin zu

einer deutsch-türkischen Kaffeetafel im Schloss Bellevue ein, wo er seinen Gästen unter anderem sagte:

> Unser Land ist für viele neue Heimat geworden, doch deshalb muss niemand seine Wurzeln verleugnen. Denn Heimat, gefühlte und gelebte, die gibt es auch im Plural. Heimat ist kein Mittel zum Zweck der Ausgrenzung. Heimat lädt ein – so wie heute unsere gemeinsame Tafel.
> Doch die Wirklichkeit – das haben die letzten Wochen gezeigt – sieht für viele Menschen in unserem Land anders aus. Unter dem Hashtag »MeTwo« erzählen sie ganz persönlich von ihren Erfahrungen. Von Diskriminierung oder Rassismus im Alltag, von Ausgrenzung in politischen Debatten. Und immer wieder höre ich von Einwandererkindern oder sogar von Einwandererenkeln: *»Obwohl ich hier geboren bin, obwohl ich mich ganz besonders anstrenge, gehöre ich trotzdem nicht richtig dazu.«*
> Solche Schilderungen lassen mich nicht los. Sie machen mich unruhig. Und sie dürfen uns als Gesellschaft nicht kalt lassen.[27]

Ausgerechnet der für »Heimat« zuständige Bundesinnenminister beließ es bei einem reichlich trockenen Kommentar, den er vielsagenderweise nur gegenüber dem englischsprachigen Programm des arabischen Nachrichtensenders Al Jazeera äußerte. Nachdem Horst Seehofer betont hatte, sein Ministerium unterstütze zahlreiche Projekte, um die Koexistenz aller in Deutschland lebenden Menschen zu verbessern, sagte er: »In unseren Augen ist die #MeTwo-Debatte ein sozio-politischer Beitrag, der dasselbe Ziel verfolgt.«[28] Tja. Echte Unterstützung von jemandem, der sich explizit um die inneren Angelegenheiten der Gesellschaft kümmern soll, sieht definitiv anders aus ...

Jammerlappen? – Ja, mit Recht!

Ich könnte an dieser Stelle noch viele weitere tolle und mutige Unterstützerbeiträge aus dem #MeTwo-Kosmos anführen. Auf der anderen Seite schlug der Aktion, wie nicht anders zu erwarten, auch Ablehnung entgegen. Vielfach wurde vor allem verharmlost, wie in folgendem Tweet:

> Unter #MeTwo findet man jede Menge Tweets von Migrationshintergründlern, die jede alltägliche Zurückweisung, jede Unfreundlichkeit und jede unfaire Behandlung auf Rassismus zurückführen. Das ist so schön bequem – und so unreif.[29]

Teilweise handelte es sich aber um üble rassistische Äußerungen und Hetze. Auch unter meinen eigenen Tweets zu #MeTwo pöbelten natürlich ein paar Einzelne herum. Viel gravierender war, was ich erst später erfuhr: Am 26. Juli hatten sich über den Tag hinweg sogenannte Trolle – Personen, die online provozieren, wo sie nur können – über die meisten Erfahrungsberichte lustig gemacht, in einigen Fällen drohten sie sogar mit dem Tod. Manche derjenigen, die so zur Zielscheibe des Hasses wurden, löschten daraufhin ihre Tweets. Trolle treten häufig mit mehreren auf einmal auf, sie orchestrieren ihre Attacken. In der Datensammlung lässt sich diese Anti-Bewegung nachvollziehen. Was viele der Accounts verbindet: Sie haben meist nur ein paar Dutzend oder Hundert Follower, sind erst seit kurzer Zeit aktiv, doch ihre Reichweite ist dafür überproportional hoch. Das lässt darauf schließen, dass ein Netzwerk aktiv ist. Welche politische Richtung hinter diesem Schneeballprinzip steht, ist nicht hundertprozentig zu klären. Wer sich auf den Accounts aber ein paar Kommentare durchliest, findet rechte Hetze.

Häufig wurde den Verfassern der #MeTwo-Storys vorgehalten, dass es sich bei ihren Erlebnissen nicht um rassistisch motivierte Diskriminierung handele, dass es keinen strukturellen Rassismus in Deutschland gebe und man doch nur »jammern« wolle. »Jammern« ist überhaupt das Stichwort: Die *BILD*-Zeitung machte schon in der Özil-Debatte vor, wie die Schilderungen von Rassismuserfahrungen als Gejammer abqualifiziert werden können. »Wirre Abrechnung mit Deutschland: Özils Jammer-Rücktritt«, titelte sie.[30] In dem dazugehörigen Online-Artikel findet sich durchaus auch berechtigte Kritik an Özils Darstellung des Erdoğan-Treffens. Im selben Atemzug wird das gesamte Statement jedoch als »Jammer-Post« bezeichnet. Die Stelle, an der Özil von den Hassmails und den Drohungen gegenüber seiner Familie und ihm selbst schreibt, haben die *BILD*-Redakteure in ihrem Kommentar ausgeklammert. Das passt eben nicht in den Meinungsrahmen.

Die *Spiegel Online*-Kolumnistin Margarete Stokowski, die sich ebenfalls zu #MeTwo und zur Özil-Debatte zu Wort meldete, kommentierte den Vorwurf des Jammerns so:

> Sobald Menschen erklären, wie häufig sie schlecht behandelt werden, weil ihr Name oder ihr Aussehen oder ihr Geburtsort für andere Menschen wie etwas wirken, das man unbedingt kommentieren oder herabsetzen müsste, taucht irgendwer auf, der ihnen klarmachen will, dass es kein Problem mit Rassismus gibt, sondern dass sie wahlweise dumm oder verrückt sind. (...) Je simpler das Verständnis von Diskriminierung (...), desto leichter fällt es, Betroffenen vorzuwerfen, sie würden nur rumheulen.[31]

Damit trifft sie den Punkt. Ich erlebe es immer wieder, wie schwer es ist, Nichtbetroffenen klarzumachen, warum das Thema mich und viele andere so sehr anfasst. Frauen, Menschen mit Behinderung, Schwule und Lesben und viele mehr, die diskriminiert werden, weil sie so sind, wie sie sind, können das im Allgemeinen leichter nachvollziehen. Für alle, die es nicht können, ist vielleicht das folgende Gedankenexperiment hilfreich: Sicher hat jede und jeder schon einmal mit Ausgrenzung zu kämpfen gehabt. Da war diese Person in der Schule, im Bekanntenkreis, in der Familie, auf der Arbeit, die einen – egal, was man gemacht hat – nie ernst genommen hat. Vielleicht hat sie sogar feindselige Kommentare abgelassen. Man stelle sich vor, die Welt wäre voll mit solchen Personen, die gerade einen selbst nicht wert schätzen und denen man überall begegnen kann. Man wird von ihnen überall erkannt, weil man etwas hat, das einen kenntlich macht, eine Eigenschaft, die diese Menschen auf Anhieb wahrnehmen. Viele von ihnen sitzen in Ämtern und Schulen, im Personalbüro und in der U-Bahn. Manchmal ist es nur ein abwertender Blick, manchmal sind es Worte, und wenn es besonders schlimm kommt, dann sind es Fäuste. Und allein kann man weder etwas daran ändern noch wissen, wann es wieder passiert. So ungefähr fühlt sich Rassismus an.

Rassismus funktioniert aber nicht nur im negativen Sinne. Schon einmal den Begriff »Vorzeigemigrant« gehört? Ich selbst wurde auch schon öfter so bezeichnet. Unter anderem von einem AfD-Mitglied, das mich genau deswegen sogar für die Partei werben wollte. Ein Vorzeige- oder Mustermigrant zeichnet sich dadurch aus, dass er aus der Richterperspektive der weißen Mehrheitsgesellschaft alles richtig macht. Über ihn wird meist so gesprochen: »Wir haben auch so einen aus Afrika auf der Arbeit. Der ist anders. Der spricht aber gut Deutsch und ist echt nett.« In solchen Aussagen zeigt sich das ganze Dilemma: Menschen mit Migrationshintergrund weisen erst einmal einen Mangel oder ein Defizit auf. »Mit Migrationshintergrund« bedeutet so gesehen »nicht richtig deutsch« – selbst wenn man sich noch so sehr integriert. Egal, in der wievielten Generation jemand hier lebt, und egal, ob er oder sie in Deutschland aufgewachsen ist: Mit dem erkennbaren Migrationshintergrund bleibt er in der imaginären Hierarchie unten, so als gäbe es richtige Deutsche und unrichtige.

Allein schon: »aus Afrika« – welche Bilder hat jemand, der so eine Aussage über einen Kollegen trifft, wohl über Menschen »aus Afrika« im Kopf? Afrika ist ein ganz schön großer Kontinent mit vielen unterschiedlichen Ländern. Allein die Annahme, dort seien alles und alle gleich, ist mit rassistischen Vorstellungen verknüpft. Und die Vorurteile wegen der Hautfarbe, der Herkunft oder der Religion bleiben auch dann bestehen, wenn man den Kollegen in Abgrenzung dazu als »nett« bezeichnet.

Für viele Betroffene muss es eine echte Überwindung gewesen sein, ihre teils traumatischen Erfahrungen wieder hochkommen zu lassen und sie für #MeTwo aufzuschreiben. Für diesen Mut möchte ich mich an dieser Stelle einmal mit der Hand auf dem Herzen bei allen bedanken, die sich eingebracht haben! Wir teilen den gleichen Schmerz und die gleiche Sehnsucht nach wahrer Zugehörigkeit. Ich kann aber auch diejenigen verstehen, die nicht mitgemacht haben. Wie schon gesagt: Sich gegen Rassismus einzusetzen erfordert viel Kraft – und nicht immer hat man ausreichend davon.

Sicher kennen viele noch den Begriff »Jammerossi«. Nach der Wende war das eine herabsetzende Beschreibung für ostdeutsche Frauen und Männer, die ihren Job- und Statusverlust beklagten. Und über Jahre hinweg wurde dieser Begriff verwendet, medial und am Stammtisch. Dabei waren die biografischen Veränderungen infolge der Wiedervereinigung für die meisten Ostdeutschen ja tatsächlich gravierend. Es wird all jene, die in den neuen Bundesländern auch heute noch wirtschaftlich zurückstehen, wenig trösten, doch zumindest gehören sie ganz selbstverständlich zu Deutschland. So weit sind Menschen wie ich – Menschen mit sichtbarem Migrationshintergrund – noch lange nicht, auch wenn ich dem Bundespräsidenten Frank-Walter Steinmeier gern glauben möchte, wenn er sagt: »Es gibt keine Deutschen auf Bewährung, die sich das Dazugehören immer neu verdienen müssen – und denen es bei angeblichem Fehlverhalten wieder weggenommen wird.«[32]

Wenn Menschen wie bei #MeTwo ihre Geschichten mit der Gesellschaft teilen, in der sie leben, dann ist das jedenfalls kein Jammern, sondern ein Ausdruck von Partizipation. Wir nehmen unser Mitspracherecht wahr. Wenn Minderheiten ihre Rechte auf diese Weise erstreiten und sich Gehör verschaffen, handeln sie demokratisch.

Das waren doch mal Themen, über die man hätte diskutieren können, oder? Stattdessen war die Kritik häufig ziemlich niveau- und inhaltslos, auch wenn sie von etablierten Journalisten kam. Der damalige *Spiegel Online*-Kolumnist Jan Fleischhauer hat sich da besonders hervorgetan. Wie unsere Analyse gezeigt hat, wurde gerade auch seine Kritik von Trollen und anderen vielfach geteilt. Fleischhauer stellte die Aktion ebenfalls in die Jammer-Ecke und machte sich über sie lustig, indem er selbst einen Tweet mit #MeTwo absetzte.[33] Darin stand, dass er trotz Anstrengungen noch nie einen Journalistenpreis erhalten habe. Der Arme. Er war also schon mal irgendwie diskriminiert worden. Ebenso wie ich fanden es viele andere schlicht geschmacklos und zynisch, dass er meinte, sich so mit den von Rassismus betroffenen Menschen gleichsetzen zu können. Dazu passt auch, wie er in seiner Kolumne auf *Spiegel Online* den Namen des Hashtags kommentierte:

> (...) Als ich zum ersten mal auf Twitter von »#MeTwo« las, dachte
> ich, jemand wolle einen Scherz machen. »Mich zwei?«, fragte ich
> mich. Will hier jemand Migranten verhöhnen, dass sie nicht nur
> gebrochen Deutsch, sondern auch nur gebrochen Englisch kön-
> nen? (...) #twohearts oder #doubleheart oder meinetwegen
> #*identity: Das hätte Sinn ergeben. Schlechtes Englisch ist im-
> mer eine schlechte Idee. Ungenaue Sprache führt zu ungenauem
> Denken, da bin ich ganz bei Wittgenstein.[34]

Ich weiß ja nicht, wo Fleischhauer sein Englisch gelernt hat, aber
meine englischen und amerikanischen Kumpels haben mir bestätigt, dass #MeTwo für »Ich zwei« stehen kann. Und Wittgenstein,
den Fleischhauer zitiert, hat in seinem Hauptwerk, den *Philo-
sophischen Untersuchungen*, zwar tatsächlich davor gewarnt,
dass uns die Sprache »verhexen« kann, wenn wir nicht aufpassen.
Aber Wittgensteins Hauptanliegen war seine *Gebrauchstheorie
der Bedeutung*: Die Bedeutung eines Wortes ist durch seinen Gebrauch in einer Sprachgemeinschaft festgelegt. Das heißt aber
auch: Wenn Menschen ein Wort erfinden oder viele ein altes Wort
neu gebrauchen, erhält es dadurch eine neue Bedeutung. Selbst
wenn »me two« eigentlich »mich zwei« heißen würde, hätte es
somit durch die tausendfache Nutzung in unserem Kontext eine
neue Bedeutung erfahren.[35]

Ich finde es ja sympathisch, dass sich Fleischhauer auf bekannte Philosophen wie Wittgenstein beruft (und sie beinahe
sinnvoll einbettet). Schließlich sind wir im Land der Dichter und
Denker. Noch sympathischer wäre es gewesen, wenn Journalisten mit Reichweite wie Fleischhauer sich eher sachdienlich ge-
äußert hätten.

Mir ist natürlich bewusst, dass wir uns im öffentlichen Diskurs gern den Provokateuren zuwenden. Es hat ja auch seinen

Reiz. Aber dieses Buch und #MeTwo gehören den Betroffenen. Und wie die bereits erwähnte Datenanalyse von Juliane Metzker und Luca Hammer zu den ersten sieben Tagen von #MeTwo zeigt: Die größere Reichweite hatten ihre Berichte. Wir waren mehr.

Eine Datenauswertung zu #MeTwo

Wir wollten außerdem wissen, zu welchen Themen sich die Menschen äußerten, was sie besonders umtrieb und was sie mitteilenswert fanden. Wie und wo fühlen sie sich am meisten diskriminiert, in welchen Lebenssituationen findet diese Diskriminierung statt, welche Erfahrungen waren am schmerzhaftesten?[36]

Einer der am häufigsten genannten Bereiche ist die Schule. Den Begriff fanden wir in insgesamt 14 343 Tweets. Der reichweitenstärkste, der 1540-mal geteilt wurde, stammte von der Chefredakteurin des Magazins *splash! Mag*, Miriam Davoudvandi, die in der Grundschule trotz bester Noten keine direkte Empfehlung für das Gymnasium bekommen hatte:

> 4. klasse, es geht um weiterführende schulen. ich bin klassenbeste. lehrerin empfiehlt hauptschule, damit ich »unter gleichgesinnten« bin.
> eltern können kaum deutsch und vertrauen lehrerin. bekannte greift zum glück ein.
> 5. klasse: ich bin klassenbeste auf dem gymnasium#metwo[37]

Bei den zehn reichweitenstärksten Tweets, die schulische Situationen mit Betroffenen wiedergaben, fiel auf, dass in sechs Fällen von Lehrern und Lehrerinnen die Rede war. In der Regel stellten sie die Deutschkenntnisse von Schülerinnen oder Schülern mit Migrationshintergrund als problematisch hin, obwohl gar kein offensichtliches Leistungsdefizit vorlag. In zwei Fällen waren es Mitschüler, die ein anderes Kind wegen seiner Herkunft hänselten.

Dass Rassismus den Fuß fest in der Tür von Schulen hat, zeigte auch eine im Mai 2018 veröffentlichte Studie des Fachbereichs Psychologie der Universität Mannheim. Sie ging der Frage nach, warum Kinder und Jugendliche mit Migrationshintergrund auf Gymnasien unterrepräsentiert sind. In einem Experiment sollten Lehramtsstudierende Diktate korrigieren. Obwohl sich die Fehleranzahl nicht unterschied, gaben die meisten den Arbeiten von Schülern und Schülerinnen mit nicht deutsch klingenden Namen schlechtere Noten.[38]

In 13 906 Tweets tauchten die Begriffe »Eltern«, »Vater«, »Mutter« oder »Kind« auf. In einem der meist geteilten Tweets berichtete der Journalist und Künstler Shahak Shapira:

> Wenn Neonazis deine Mutter bedrohen und die Staatsanwaltschaft ihr sagt: »Naja, vielleicht sollte Ihr Sohn sich nicht so prominent in der Öffentlichkeit äußern«. #MeTwo[39]

Knapp die Hälfte der zehn reichweitenstärksten Tweets in diesem Bereich thematisierte tatsächlich die Diskriminierung der eigenen Eltern. In einem Fall ging es um deren Sprachkenntnisse, in zwei anderen Tweets darum, dass staatliche Behörden bei Diskriminierung und Gewaltandrohung nicht einschritten oder ihrerseits diskriminierten. In sechs Tweets waren es umgekehrt die Eltern, die über den Rassismus schrieben, dem ihre Kinder begegneten. Darunter der folgende, der wirklich unter die Haut geht:

> Kind im Hort erklärt meiner Tochter, sie wisse, warum sie so braun ist. Ihr Vater habe ihr erklärt, so markiert man die beson-

ders dummen Babys, indem man sie eine Weile in einem brennenden Kohlefass schmoren lässt. #Metwo[40]

Da einige Tweets Diskriminierung am Arbeitsplatz beschrieben, gaben wir auch »Arbeit« als Suchbegriff ein. Wir fanden 4447 Tweets. Bei der Auswertung stellten wir aber fest, dass der Begriff zumindest in den Beiträgen, die am häufigsten geteilt wurden, nicht Diskriminierung am Arbeitsplatz beschrieb, denn die Suche sammelte auch Begriffe wie »Arbeiterkind«, »Gastarbeiter« und »Klassenarbeit«. Trotzdem gab es einige Beiträge, die Benachteiligungen bei der Jobsuche direkt ansprachen.

> Beim Jobcenter wird mir eingeredet, ich bin ein hoffnungsloser Fall, obwohl ich Abitur und einen Berufsabschluss habe. Als Muslima ist es trotz Fachkräftemangel schwer, eine gute Arbeit zu finden, unabhängig von der Qualifikation. #MeTwo[41]

Auch Intersektionalität – also die Überschneidung von mehreren Diskriminierungsformen – ließ sich durch unsere Methode nicht eindeutig als thematische Gruppe herausfiltern. Aber natürlich spielt sie eine wichtige Rolle.[42] So finden sich Tweets wie folgender, die sowohl Frauenfeindlichkeit als auch Rassismus beschreiben:

> ich saß als 14 jährige im ICE Hamburg-Bonn. Schaffner kam in mein Abteil schloss die Schiebetür und sagte zu mir er würde gerne mal etwas mit einer »Schwarzen« anfangen denn er würde den »Eigengeruch« schwarzer Frauen so lieben! Ich hatte unfassbare Angst #metwo[43]

Jedes Mal, wenn ich diese Zeilen lese, brauche ich einen Moment, um sie sacken zu lassen. #MeTwo macht Diskriminierung sichtbar, und jede geschilderte Erfahrung hat etwas Beklemmendes. Manche wirken besonders brutal, weil sie erahnen lassen, wohin Rassismus und Sexismus in letzter Konsequenz führen können: zu Gewalt. Obwohl ich auch schon vorher von Mehrfachdiskriminierung gehört hatte, entwickelte ich erst durch solche Berichte ein wirkliches Bewusstsein dafür.

Das Gezwitscher betrifft alle

Laut einer neuen Zielgruppenstudie von Twitter tummeln sich auf der Plattform relativ viele Besserverdiener und Führungskräfte. Auch Medienleute, Menschen aus der Politik und Aktivisten und Aktivistinnen benutzen den Kurznachrichtendienst als Sprachrohr, zum Kontakteknüpfen und für die Recherche.[44] Immer wieder heißt es daher, dort finde eigentlich nur ein »Elitendiskurs« statt. Genau das war für den *taz*-Journalisten Jörg Wimalasena auch bei #MeTwo der Fall.[45] Und damit hatte er nicht unrecht. So selbstkritisch müssen wir sein. Viele, die von Rassismus betroffen sind, können und konnten nicht bei der Aktion in den sozialen Medien mitmachen – ganz einfach, weil sie keinen Zugang dazu haben. Selbst ich habe vor meiner Aktion kaum Twitter genutzt. Bevor #MeTwo viral ging, wie man so schön sagt, hatte ich dort weniger als hundert Follower, also Menschen, die mein Profil abonniert hatten. Selbst meine hundert Verwandten in Europa kennen Twitter entweder gar nicht oder nur vom Hörensagen. Vielleicht spielt es eine Rolle, dass ich der einzige Akademiker unter ihnen bin. Aber vermutlich hätten sie auch sonst nicht das Bedürfnis, sich so zu positionieren wie ich.

Findet der Twitter-Aktivismus also am Ende bloß in einer Nische statt? Noch konkreter gefragt: War das, was bei #MeTwo diskutiert und geteilt wurde, nur ein Diskurs in einer ziemlich engen »Blase«? Nein. #MeTwo hat innerhalb weniger Stunden Tausende Menschen erreicht und aktiviert. In den ersten Tagen nach dem Start waren es schon Zehntausende. International sogar Hunderttausende. Das wäre zu diesem Zeitpunkt auf keiner anderen Plattform, real oder digital, möglich gewesen. Und auch wenn beispielsweise die ältere Generation, die unserer Eltern und Großeltern, sich so gut wie nicht mit ihren Geschichten beteiligte, so bemühten sich doch immerhin ihre Nachkommen darum, ihnen eine Stimme zu geben. Journalistinnen wie Hatice Akyün, Yasemin Yüksel, Düzen Tekkal und viele weitere berichteten nicht nur von ihren eigenen Diskriminierungserfahrungen, sondern schrieben in Tweets wie den folgenden stellvertretend für ihre Eltern und ältere Generationen.

Yasemin Yüksel:

Deutsche Großstadt, Krankenhaus, Krebsstation. Mein Vater, Gastarbeiter, eingebürgert, Steuerzahler seit mehr als 50 Jahren, kämpft um sein Leben. Vom Nachbarbett zischt es: »Hier wird Deutsch gesprochen!« #MeTwo[46]

Düzen Tekkal:

Ich bin froh, dass es #MeTwo gibt. Bewegt mich sehr — Mein Vater hält nach jahrelangem Kampf die Einbürgerungsurkunde in der Hand und sagt stolz: »Wir sind jetzt Deutsche.« Die Beamtin erwidert: »Nein, sind sie nicht.« Wir haben dennoch unseren #GermanDream verwirklicht.[47]

Hatice Akyün:

Das Gute an der Rassismusdebatte 2018 ist, dass Migranten endlich mitreden und ihre Erfahrungen sichtbar werden. Unsere

Eltern taten so, als verstünden sie nicht und schauten verschämt weg. #Metwo[48]

Der Aktivismus von Menschen auf Twitter speist sich im Übrigen auch nie allein aus der eigenen Erfahrung. Ich habe mit meinen 25 Jahren schon Hunderte Geschichten erzählt bekommen – zu Hause am Essenstisch, auf der Straße, im Café, im Dönerimbiss meiner Eltern. Die Themen um #MeTwo sind kein Thema für einen Elitendiskurs. Deswegen sind wir alle gefragt, mehr Menschen Zugänge zu schaffen und ihre Stimme hörbar zu machen. #MeTwo hat in jedem Fall Relevanz, weil so viele mitgemacht haben – auch stellvertretend für diejenigen, die das nicht konnten.

Stimmen zu #MeTwo: Ein Jahr danach

Während der Arbeit an diesem Buch, fast ein Jahr nach den ersten ereignisreichen Wochen rund um #MeTwo, habe ich einige Aktivistinnen und Aktivisten, Wissenschaftler/-innen, Journalistinnen und Journalisten interviewt. Unter anderem habe ich sie gefragt, was sie persönlich mit dem Hashtag verbinden und wie sie das, was er ausgelöst hat, im Rückblick einordnen. Ihre Antworten, die ich im Folgenden in Auszügen wiedergebe, stehen meines Erachtens stellvertretend für die vielen Stimmen von #MeTwo.

Hasnain Kazim – Journalist und Autor
Die wichtigste Lehre aus #MeTwo lautet: Wir dürfen nicht schweigen. Wir dürfen Rassismus nicht hinnehmen. Wir dürfen nicht so tun, als wäre es normal, Menschen wegen ihrer Hautfarbe, ihres Glaubens, ihrer Überzeugungen, ihres Andersseins, in welcher Art auch immer menschenverachtend zu behandeln, sie zu er-

niedrigen. Wir müssen reden. Unsere Erfahrungen und Erlebnisse thematisieren, damit sie sich nicht wiederholen. Und damit nachfolgende Generationen sie nicht immer wieder von Neuem machen müssen.

Ich befürchte, #MeTwo als typisches Twitterphänomen lässt sich nicht institutionalisieren und auch nicht wiederholen. Das würde nicht funktionieren. Eine #MeTwo-Partei, ein #MeTwo-Verein hätten nicht die Wirkung wie die Debatte, die sich aus dem Moment heraus im Netz entwickelte. Und doch müssen wir reden, wieder und wieder. Und wir müssen widersprechen, wenn jemand wieder Rassistisches von sich gibt und Menschen wie uns ausgrenzt. #MeTwo hat gezeigt: Wir werden das nicht hinnehmen.

Aylin Karabulut – Migrationsforscherin

#MeTwo hat einen Diskurs ermöglicht, der in Deutschland lange keinen Raum hatte. Durch die vielen persönlichen Erfahrungen, die Betroffene in den sozialen Medien geteilt haben, wurden erstmals die unterschiedlichen Dimensionen von Rassismus in Deutschland öffentlich sichtbar. Das ist für mich eine große Errungenschaft, die für einen Wendepunkt im öffentlichen Diskurs steht.

Rassismus wird in Deutschland oft nicht als gesellschaftliche Struktur, sondern immer nur als »Fehler« von Einzelnen – vor allem von Rechtsextremen – gesehen und skandalisiert. Dabei wünsche ich mir für die Zukunft auch, dass wir endlich darüber sprechen, dass häufig unterschiedliche Arten von Diskriminierung miteinander verschränkt werden, also über Intersektionalität. Wir reden kaum darüber, was es bedeutet, gleichzeitig eine Frau, Migrantin und von Armut betroffen zu sein. Der Rassismus, den Frauen of color erfahren, unterscheidet sich von dem Rassismus, den Männer of color erfahren. Für Frauen of color gehen Rassismus und Sexismus oft Wechselwirkungen miteinander ein und bedingen sich gegenseitig. Meine Vision für die Zukunft ist es, diese Anliegen zusammenzudenken und intersektionale Perspektiven in den Vordergrund zu rücken.

Eine zentrale Lehre aus #MeTwo heißt für mich Solidarität. Wenn eine Person of color in Deutschland angegriffen wird, erwarte ich, dass sich die gesamte Mehrheitsgesellschaft schützend und solidarisch vor sie stellt. Angriffe auf marginalisierte Personen sind Angriffe auf unsere Gesellschaft.

Rassismus ist nicht das Problem von Betroffenen, und seine Bewältigung ist unsere gemeinsame Aufgabe als Gesellschaft. Je nachdem, welche Erfahrungen wir machen, ist unsere Verantwortung jedoch eine andere. Wo Personen der weißdeutschen Mehrheitsgesellschaft Räume zur kritischen Reflexion ihrer Privilegien benötigen, brauchen von Rassismus betroffene Menschen Räume für gemeinsames Empowerment. Diese Räume zu schaffen und zu gestalten ist ein Auftrag der gesamten Gesellschaft.

Malcolm Ohanwe – Journalist

Die Stimmen, die sich unter #MeTwo versammelt haben, um über Rassismus zu sprechen, haben sich gegenseitig befruchtet. #MeTwo hat einen Spirit eingefangen, der sicherlich die Denkweise von vielen Menschen erweitert hat, inklusive der meinigen. Spätestens in der nächsten Generation wird es eine signifikante Anzahl an Menschen geben, die keinen mitteleuropäischen Phänotyp haben, statistisch gesehen aber auch keinen »Migrationshintergrund«, der sich so definiert, dass einer der beiden Elternteile nicht als Deutsche bzw. Deutscher geboren wurde. Wir müssen eine Sprache für unsere neue Realität entwickeln und darüber diskutieren, wie wir am besten mit ihr umgehen. Und Menschen, die rassistisch diskriminiert werden, müssen sich untereinander vernetzen, austauschen, aushelfen, informieren und sich gegenseitig immer wieder vergewissern, dass sie mit ihren Erfahrungen nicht allein sind. #MeTwo kann dem dauerhaft eine Plattform bieten.

Reyhan Şahin – Sprach-, Islam- und Genderforscherin, Rapperin, Autorin
Faszinierend fand ich, dass Menschen unterschiedlicher Migrationsethnien und unterschiedlichen Alters bei diesem Hashtag zusammenkamen. Durch ähnliche Erfahrungen von Rassismus entstand ein Gemeinschaftsgefühl. Man sah, dass zum Beispiel Nachkommen der zweiten bis vierten Generation von »Gast«arbeiter*innen, zu denen auch ich gehöre oder auch Schwarze Menschen, es ähnlich verstörend finden, wenn uns Mehrheitsdeutsche immer noch sagen, »wie gut wir Deutsch sprechen«. Oder wenn wir gleich zu Anfang eines Gesprächs gefragt werden, woher wir denn kommen, was impliziert, dass wir aufgrund unseres Aussehens und unserer Sprech- und Verhaltensweise keine Deutschen sein können.
Es gab aber auch Menschen, die sich nicht unter #MeTwo über ihre Ausgrenzungserfahrungen äußern konnten. Deswegen habe ich am 10. August 2018 Folgendes getwittert:

Ein lautes #meTwo für alle türkischen und migrantischen Putzfrauen und (Raum)pflegekräfte, deren Stimme aufgrund ihres fehlenden Bildungszugangs bei dieser Initiative gegen Rassismus, Diskriminierung und Ausgrenzung oftmals fehlt #meTwo[49]

Farhad Dilmaghani – Vorsitzender DeutschPlus – Initiative für eine plurale Republik e.V.

Gelegentlich kam die Kritik auf, dass sich vorrangig gut gebildete junge Menschen äußern würden. Ja, das stimmt größtenteils. Gut, dass es so viele von ihnen gibt. Andererseits haben viele von ihnen auch stellvertretend für ihre eingewanderten Eltern oder Großeltern Geschichten erzählt. Sie haben denen eine Stimme gegeben, die sich nur selten oder gar nicht äußern konnten oder wollten.

Ayesha Khan – Netzaktivistin und freie Autorin

#MeTwo hat mir ermöglicht, über Machtstrukturen und Diskriminierung zu sprechen und ein größeres Publikum, auch außerhalb meiner Filterblase, zu erreichen.

Prof. Karim Fereidooni – Juniorprofessur für Didaktik der sozialwissenschaftlichen Bildung, Rassismusforscher

#MeTwo ist keine Bewegung von Opfern oder Marginalisierten, sondern ganz im Gegenteil: Für mich ist #MeTwo Teil einer breit angelegten Bürger_innenrechtsbewegung, die sich für Menschenrechte in der BRD einsetzt, damit alle Menschen ungeachtet ihrer zugeschriebenen oder faktischen Herkunft oder ihres Aussehens als gleichberechtigte Bürger/-innen dieses Landes und als ganz normaler Bestandteil der Gemeinschaft akzeptiert werden.

Prof. Haci-Halil Uslucan – Psychologe, Professor für Integrationsforschung und moderne Türkeistudien, wissenschaftlicher Leiter des Zentrums für Türkeistudien

Mit #MeTwo verbinde ich eine sehr erfolgreiche Kampagne, die auf einen wunden Punkt in der Gesellschaft hinweist, der bei genauerer Betrachtung nicht nur dokumentiert, wie sehr Rassismus und Diskriminierung den Opfern schadet, sondern eigentlich auch den Tätern sowie der gesamten Gesellschaft. Denn Rassismus unterminiert das Vertrauen des Einzelnen in seine Mitmenschen sowie in die gesellschaftlichen Institutionen. Und Vertrauensverlust hat Rückwirkungen auf uns alle, weil Vertrauen und Vertrauensvorschuss die Grundlagen sozialen Handelns bilden.

Maja Bogojević – Aktivistin und Bloggerin
Genauso wie #metoo nicht die Komplexität von sexualisierter Gewalt thematisieren kann, kann #MeTwo nicht die Erfahrungen aller von Rassismus betroffenen Personen aufzeigen, geschweige denn all derjenigen, die außer von Rassismus auch von Sexismus und Queerfeindlichkeit betroffen sind. Hashtags brechen die Komplexität von vielen Themen herunter, was Vorteile, aber auch immense Nachteile mit sich bringen kann.

2 #MeTwo. Crashkurs für das eigene Leben

Im Großen und Ganzen war #MeTwo eine Art Crashkurs für all jene, die sich nicht seit Jahren wissenschaftlich mit Rassismus befassen. Aus der Aktion selbst wie auch aus den Reaktionen darauf ergaben und ergeben sich auch für mich persönlich jede Menge Erkenntnisse.

Ich begann intensiver darüber nachzudenken, wie #MeTwo mit meinem Leben zusammenhängt: Wie gehe eigentlich ich mit den zwei Seelen um? Warum sind mir die Themen Rassismus und respektvoller Umgang miteinander so wichtig? Warum initiiere ich Aktionen wie #MeTwo? Und was hat das mit meiner Familie und meinem Werdegang zu tun?

All das, was durch den Hashtag ausgelöst wurde – die überwältigenden Reaktionen der Betroffenen, die enorme mediale Aufmerksamkeit, aber auch kritische Stimmen von außen wie aus der Community –, hat logischerweise auch mich persönlich sehr bewegt. Über vieles konnte ich mich freuen und daraus Kraft schöpfen. Anderes machte mich nachdenklich, verunsicherte oder belastete mich sogar.

Im Grunde waren es drei zentrale Erfahrungen beziehungsweise Erkenntnisse, die den Reflexionsprozess in Gang setzten: Da war erstens die Kritik einiger MeTwoler an mir, insbesondere der Vorwurf, ich sei nicht radikal genug. Da war zweitens meine Irritation darüber, dass ich selbst – vielleicht in Reaktion auf die erwähnte Kritik – in den Diskussionen angespannter und ungeduldiger wurde. Und drittens musste ich erstaunt feststellen, dass die Art und Weise, wie ich und viele MeTwoler Rassismus erleben und beschreiben, keineswegs für alle vermeintlich Betroffenen gilt. Im Klartext: Für viele Menschen mit sichtbarem Migrationshintergrund spielt die Debatte um Deutschsein und die Auseinandersetzung mit Rassismus in ihrer Lebenswirklichkeit eine untergeordnete oder gar keine Rolle.

Zu wenig Empörung, zu viele Kompromisse?

Während im August viele Medien über die #MeTwo-Beiträge berichteten und ich bemüht war, für die Thematik möglichst zu werben, wurde ich als das Gesicht der Kampagne nicht nur zur Zielscheibe von rechten Kritikern, sondern auch von manchen, die selbst von Rassismus betroffen waren und bei #MeTwo mitsprechen wollten. Milde ausgedrückt, lautete der Vorwurf, ich würde in den Medien nicht radikal und empört genug auftreten. Ich sei zu dialogorientiert und zu friedfertig. Ich verstehe die Kritik und finde, sie hat ihren Platz. Wenn jemand kompromissloser vorgeht oder sich stärker empört als ich, weil er oder sie beispielsweise mehr Diskriminierung erfahren hat, so kann ich das nachvollziehen. Wenn eine Aktivistin sagt, sie habe bei der Geburt keinen »Bildungsauftrag« bekommen und müsse anderen nicht erklären, was Rassismus sei, so ist das legitim, aber nicht mein Ansatz. Unsere Ansätze können dennoch nebeneinander bestehen und sich gegenseitig befruchten. Kritik aus der Community ist ohnehin sehr bereichernd, weil wir dieselben Ziele teilen. Da wir in Deutschland eine Minderheit sind, ist Solidarität untereinander – trotz unterschiedlicher Herangehensweisen – wichtig für uns alle.

Da mein Ziel ein gesellschaftlicher Wandel ist und ich durchaus weiß, dass ich damit einiges verlange, bin ich Kritik gewohnt. Sie ist auch in Ordnung, ja sogar wichtig, zumal ich als Einzelner gar nicht alle notwendigen Aspekte dieser Debatte beleuchten und im Blick haben kann. Für so große, komplexe Themen wie Rassismus und Identität gibt es viele verschiedene Expertinnen und Experten, aber kein Universalgenie. Alle knüpfen gemeinsam an einem großen Netz aus Wissen und Impulsen, um die Debatte voranzubringen und Veränderung anzustoßen.

Die Form der Kritik, die von Gleichgesinnten an mir geübt wurde, war jedoch sehr oft alles andere als konstruktiv. Und dementsprechend verunsicherte und belastete sie mich. Während ich von Anfang an versucht hatte, nach vorne zu blicken und die große Resonanz, all die Anfragen, Rückmeldungen und das Medieninteresse, in etwas Konstruktives und Positives münden zu lassen, wurde an mir von unterschiedlichen Seiten gezerrt und herumgemäkelt.

So gut wie keiner derjenigen, die mich attackierten, hat sich persönlich an mich gewendet und mir seine Gedanken schlüssig erklärt. Ich wollte alles richtig machen, sah mich aber zwischenzeitlich von allen Seiten mit Unzufriedenheit konfrontiert. In so einer Situation beginnt man irgendwann, an sich selbst zu zweifeln. Aber wer *für* etwas kämpft, hat auch immer Menschen *gegen* sich.

Der Vorwurf, ich sei nicht radikal genug gewesen, bezog sich auch auf inhaltliche Aspekte. Beispielsweise wurde von mir erwartet, analog zur Frauenquote eine Quote für Menschen mit Migrationshintergrund, Schwarze und Muslime in öffentlichen Ämtern und Führungspositionen zu verlangen. Sonst könne ich es mit dem Kampf gegen Rassismus ja gar nicht ernst meinen. Unter denen, die so etwas forderten, waren einige, die sich seit

Jahren gegen Diskriminierung und für Vielfalt und Gleichberechtigung einsetzen. Den ganzen Herbst 2018 über habe ich mir den Kopf zerbrochen, ob es nicht das Beste wäre, einfach auf ihren Zug aufzuspringen und die Forderungen zu übernehmen. Mit wenigen Klicks hätte ich dies öffentlich kommunizieren können.

Doch die Forderungen an mich gingen noch darüber hinaus: Ich solle die Gespräche mit Konservativen und besorgten Bürgern abbrechen, die ich vor allem im Zuge meiner Aktion »Hotline für besorgte Bürger« führte (auf sie gehe ich später in Kapitel 6 noch ausführlicher ein). Folgeaktionen, die sich aus #MeTwo ergeben würden, sollten auch nur von Menschen mit sichtbarem Migrationshintergrund ausgeführt werden. Davon erhoffte man sich eine »echte Emanzipation« und Autonomie.

Das alles ging mir zu weit. Es war mir zu einfach gedacht, und vor allem entsprach es nicht dem, was ich unter einem offenen Dialog und konstruktivem Aktivismus verstehe.

Wenn es einem zu nahe geht

Durch #MeTwo habe ich auch privat einige Aktivistinnen und Aktivisten kennengelernt. Das war einerseits ungemein anregend: Ich konnte und kann so vieles von ihnen lernen. Andererseits begann die Art und Weise, in der manche von ihnen ihre sehr rigide antirassistische Haltung zum Ausdruck brachten, auch auf mich abzufärben. Im Rückblick sehe ich diesen Einfluss kritisch. Ich fing nämlich an, kompromissloser zu diskutieren, und wollte in Gesprächen über Rassismus unbedingt mit meinem Standpunkt überzeugen. Ich hörte weniger zu und verlor dabei mitunter meinen inneren Kompass aus dem Blick.

So diskutierte ich einmal während einer Autofahrt mit einem Freund ohne Migrationshintergrund darüber, wie wichtig es ist, dass man rassistische Taten auch als solche benennt. Anlass waren die Anschläge in der Silvesternacht 2018/2019, bei denen ein Mann in Bottrop und Essen mit dem Auto gezielt Menschen mit sichtbarem Migrationshintergrund umgefahren hatte. Ich echauffierte mich nun darüber, dass einige Medien meiner Meinung nach fälschlich von einer »fremdenfeindlichen« oder »ausländerfeindlichen« Tat gesprochen hätten. Als mein Freund daraufhin sagte, er verstehe nicht, was daran denn so problematisch sei, fühlte ich mich angepikst. Ich argumentierte: »Die Opfer des Amokfahrers sind doch gar nicht als Fremde auszumachen gewesen. Wenn jemand schwarze Haare oder eine schwarze Haut hat, ist er doch nicht automatisch Ausländer oder fremd! Fremd wird der Mensch erst, wenn seinem Aussehen eine Fremdheit zugeschrieben wird. Der Fahrer des Autos hat die Personen eindeutig nach äußerlichen Merkmalen attackiert. Das ist purer Rassismus und nichts sonst! Und wenn Medien und Politiker bei solchen Fällen von Ausländer- oder Fremdenfeindlichkeit sprechen, reproduzieren sie bloß die rassistische Vorstellung, dass alle Nichtweißen erst einmal Fremde sind.«

Ich geriet ziemlich in Rage, als ich das erklärte, und erst recht, als mein Kumpel erwiderte: »Ali, ich glaube, du wirst gerade emotional. Aber ich verstehe es immer noch nicht, wieso der Täter nicht aus fremdenfeindlichen Motiven gehandelt haben soll.« Das brachte mich endgültig auf die Palme. Ich hatte echt Schwierigkeiten zu erklären, dass für die Tat trotzdem das Wort »Rassismus« die einzig richtige Bezeichnung sei. Es könne nur Ignoranz oder Augenwischerei sein, wenn einige Medienleute nicht »rassistisch« schrieben.

Als ich immer lauter und gereizter wurde, sagte mein Freund schließlich: »Ali, du musst nicht emotional werden. Ich bin ein guter Freund und will die Sache wirklich verstehen, nichts weiter. Am besten reden wir nicht mehr darüber.« Ich legte trotzdem noch mal nach und klagte, dass von Rassismus Betroffene wie ich ständig anderen erklären müssten, was rassistisch sei und was nicht, dass es frustriere, weil viele es nicht verstehen wollten. Es sei ein Armutszeugnis, dass auch noch 2019 etliche Medien für ein so abscheuliches Ereignis wie jenes in Bottrop nicht die richtigen Worte fänden und stattdessen rassistische Stereotype bedienten. Den Rest der Fahrt verbrachten wir schweigend. Es herrschte dicke Luft, und ich begann zu ahnen, dass ich mich irgendwie verrannt hatte.

Das verunglückte Gespräch trieb mich auch noch am nächsten Tag um. Bis mir auf einmal klar wurde, dass ich mein Verhalten schon bei anderen Aktivisten beobachtet hatte. Die vielen Diskussionen, Vorträge, Artikel und Interviews hatten offenkundig dafür gesorgt, dass die Themen ständig bei mir unter der Oberfläche gärten. Ein Stichwort genügte, schon legte ich in aktivistischer Manier los. All die intensive Beschäftigung machte etwas mit mir.

So berechtigt und wichtig Empörung über Rassismus war und ist – den Frust an anderen auszulassen war das Letzte, was ich wollte. Warum war ich so empfindlich? Wir alle kennen das: Je mehr uns etwas am Herzen liegt und bewegt, desto mehr Emotionen sind im Spiel. Nur: Wenn man zu sehr aus dem Affekt heraus etwas erklären will, verliert man leicht das Gegenüber und dessen andere Sicht aus dem Blick. Ich hätte mehr auf meinen Freund eingehen können. Ich hätte ihm in Ruhe erklären müssen, was ich unter Rassismus verstehe und warum ich diesen Begriff immer wieder verwende. Der Täter hat die Leute ausschließlich aufgrund ihrer äußerlichen Merkmale angegriffen, das heißt: Passanten mit sichtbarem Migrationshintergrund hatten für ihn weniger Wert, sie gehörten für ihn getötet. Er ist damit der klassischen Definition von Rassismus gefolgt: Leute werden aufgrund körperlicher Merkmale zu einer vermeintlichen »Rasse« gezählt und abgewertet. Der Begriff »Fremdenfeindlichkeit« verschleiert das. Wenn über Fremdenfeindlichkeit gesprochen oder in den Medien berichtet wird, bezieht sich das ja in den seltensten Fällen auf »Fremde«, wie zum Beispiel hellhäutige Touristen aus Finnland oder Australien, sondern auf Menschen, deren Migrationshintergrund erkennbar ist – und die natürlich auch Deutsche sein können. Anders gesagt: Wenn man von Fremdenfeindlichkeit spricht, lässt man zu, dass Menschen allein aufgrund äußerlicher Kennzeichen als fremd klassifiziert werden. Sprache formt unsere Wirklichkeit, und deshalb ist es so wichtig, dass wir in Medien, Politik und Alltag wissen, welche Haltungen, Gefühle und Assoziationen bestimmte Wörter produzieren und durch ihren ständigen Gebrauch verfestigen können.

Wenn ich all das meinem Freund in ruhigen Worten erklärt hätte, hätte ich während unserer Autofahrt sicher mehr erreicht. Jahrelang konnte ich mit besorgten Bürgern reden und ihnen zuhören, obwohl wir alles andere als einer Meinung waren. Ich war sonst immer gelassen und geerdet, und jetzt bei einem guten Freund auf einmal nicht mehr? Das war doch nicht ich!

Dieses Erlebnis und vergleichbare andere haben mir letztlich zwei Dinge bewusst gemacht: Erstens habe ich viel von meinen aktivistischen Bekannten an Argumenten gelernt und bin seitdem sensibler gegenüber Rassismus und Unrecht geworden. Dafür bin ich auch sehr dankbar. Zweitens habe ich gemerkt, wie viel mir die wertschätzende Auseinandersetzung bedeutet – ein Gespräch, bei dem die Partner einander mit Respekt und Geduld begegnen, so kontrovers ihre Ansichten auch sein mögen. Wichtiger als die Frage, wer recht hat, ist mir die Beziehung! Klar, dass ich aus Sicht mancher Aktivisten und Aktivistinnen mit dieser Haltung aus der Reihe tanze. Und es ist auch nicht einfach, damit umzugehen, dass ich Menschen, deren Anliegen ich eigentlich zu 100 Prozent teile, mit meiner Art irritiere. Oder gar vor den Kopf stoße. Trotzdem: Es ist meine Art, und hinter meiner Art steckt eine Geschichte. Die Ereignisse rund um #MeTwo haben mir das noch einmal deutlich vor Augen geführt. Auch und gerade deshalb begann mich die Frage zu beschäftigen, woher mein Unbedingt-konstruktiv-sein-Wollen eigentlich kommt. Kurz: Ich wollte mich selbst besser verstehen.

Lehren aus der Essener Innenstadt

Wenige Wochen nach dem Start von #MeTwo wurde ich für ein paar Stunden von einem Kamerateam der *Tagesschau* begleitet. Ich sollte Menschen mit sichtbarem Migrationshintergrund nach ihren MeTwo-Erlebnissen befragen. Zu diesem Zweck waren wir in der nördlichen Innenstadt Essens unterwegs, in der nach Schätzungen der Stadt zu einem Großteil geflüchtete Menschen leben – ungefähr 80 Prozent der Bewohner haben keinen deutschen Pass. Da ich selbst dort arbeite und wohne, kenne ich die Gegend sehr gut. Es gibt mehrere Döner- und Falafelimbisse sowie Shisha-Bars, die, wie ich aus eigener Anschauung weiß, mehrheitlich von Menschen aus libanesischen und syrischen Regionen besucht werden.

Ich sprach also nacheinander ein Dutzend Personen an und fragte sie, ob sie schon von #MeTwo gehört und selbst Erfahrungen mit Rassismus gemacht hätten. Wie sich herausstellte, waren meine Gesprächspartner in der großen Mehrzahl Asylbewerber. Wer *Tagesschau* schaut oder Medien wie die *ZEIT*, *Spiegel Online* oder *FAZ* liest, dürfte von #MeTwo erfahren haben, muss dafür aber auch einigermaßen der deutschen Sprache mächtig sein – was bei kaum einem meiner Gesprächspartner der Fall war. Folglich hatten die wenigsten von der Aktion gehört oder gelesen. Hätte man mit diesem Ergebnis vielleicht noch rechnen können, so war ich wirklich überrascht, als nahezu alle Passanten verneinten, überhaupt Rassismuserfahrungen gemacht zu haben. Nein, hieß es, »kein Rassismus, keine Probleme«. Vielleicht spielte es eine Rolle, dass sie vor der Kamera lieber nicht in ihrem mäßigen Deutsch über ein so unangenehmes Thema reden wollten. Ich hakte jedoch nach und las ihnen einige #MeTwo-Anekdoten aus Twitter vor. »Ja, das kenne ich auch«, meinten sie dann in der Regel. Diskriminierungserlebnisse waren ihnen also doch nicht völlig fremd. Was mich allerdings immer mehr irritierte, war, dass es sich in ihren Augen offenbar nicht um Rassismus oder überhaupt um etwas Schlimmes handelte. Wann immer ich konkrete Beispiele anführte, etwa ob eine deutsche Person ohne Migrationshintergrund ihnen je gesagt habe, sie sollten doch in ihr Land zurückkehren, hieß es: »Ja, diese Situation kenne ich.«

Ich fragte weiter, ob sie das Gefühl kannten, in diesem Land unerwünscht zu sein, etwa weil jemand sie beschimpft oder nicht wie Deutsche ohne Migrationshintergrund behandelt hatte. Sie nickten erneut. Einer erklärte, dass Ausgrenzung doch normal sei, wenn man in ein anderes Land gehe – als würde Rassismus zur Menschheit dazugehören. Er ging davon aus, dass Deutschland hauptsächlich von Deutschen ohne Migrationshintergrund bewohnt werde, dass es ihnen gehöre und folglich eine gewisse Ablehnung normal sei, wenn »so viele fremde Menschen« in das Land immigrierten. Ich geriet ein wenig in Wallung und hätte am liebsten gesagt: Millionen von Menschen mit Migrationshintergrund leben ja nicht erst seit gestern in Deutschland, sondern haben mittlerweile selbst einen deutschen Pass und erfahren trotzdem Ablehnung. Das Land gehört niemandem oder allen, und Rassismus ist ohnehin schlimm und gegen die deutsche Verfassung. Ich behielt diese Gedanken dann doch lieber für mich, schließlich waren wir im Interview.

Was ich allerdings anmerkte, war, dass ich auch Deutscher sei, dass wir alle – egal mit welcher Staatsangehörigkeit – zu diesem Land genauso gehörten wie die anderen und dass wir uns Rassismus nicht gefallen lassen müssten. Daraufhin erklärte mir der Mann, dass er dankbar sei, in Europa zu leben, und nicht so pingelig sein möchte. Ausgrenzungserfahrungen seien zwar nicht schön, aber aktuell nicht seine größte Sorge. Ein anderer sagte, man sollte als Asylbewerber keine Probleme machen, sonst könnte sich das negativ auf den Aufenthaltsstatus auswirken.

Die für mich wirklich überraschende Erkenntnis aus meinem Streifzug durch die Essener Innenstadt lautete: Trotz ähnlicher Erfahrungen gingen die meisten meiner Gesprächspartner anders mit Diskriminierung um als ich. Mein Bedürfnis, mich als Deutscher zu positionieren und mich mit Deutschland zu identifizieren, teilte kaum einer von ihnen. Es schien fast so, als ob sie sich an einem anderen Punkt der Integration befänden – oder als ob Deutschsein für sie gar nicht so wichtig wäre.

Im Unterschied zu mir begriffen sich viele Interviewpartner nicht als Deutsche, sondern als Syrer, Libanesen, Kurden, Araber oder Türken, weil sie viele Jahre dort gelebt hatten. Ich hingegen bin in Deutschland aufgewachsen und fühle mich in diesem Land emotional aufgehoben, werde langfristig hier leben, arbeite hier und habe die deutsche Staatsangehörigkeit – für mich Grund genug, mich als Deutschen zu sehen.

Wie war diese Diskrepanz zu erklären? Hatte ich einfach mehr Möglichkeiten gehabt, mich zu integrieren, oder waren die anderen bloß noch nicht so weit? Bestand das endgültige Ziel von Integration überhaupt darin, dass die Eingewanderten sich irgendwann selbst als Deutsche verstanden? Für mich mochte das ja der Fall sein, aber ich konnte und wollte natürlich nicht für alle sprechen. Und schon gar nicht für Geflüchtete, denn sie waren ja gerade erst angekommen und hatten ganz andere Bedürfnisse. Außerdem geht es bei #MeTwo ja auch grundsätzlich um Diskriminierung, Chancen und Akzeptanz – da sollte es doch völlig egal sein, ob jemand sich als Deutscher, Türke oder Weltbürger betrachtet.

Wie dem auch sei, die Gespräche in Essen hinterließen bei mir einen nachhaltigen Eindruck. Sie warfen eine Frage auf, mit der ich vorher nicht gerechnet hatte und die mich nun umso mehr umtrieb: Warum sah ich mich als Deutschen, andere sich dagegen nicht? War ich irgendwie »überintegriert«?

Beim Dreh mit dem Kamerateam der *Tagesschau* in Essen war übrigens nicht nur ich sehr überrascht von den Antworten, sondern auch der zuständige Redakteur. Am Ende sind nur Schnittbilder dabei herausgekommen, die zeigen, wie ich in der Fußgängerzone auf mein Handy blicke und meine Twitter-Seite runterscrolle. Die Interviews wurden nicht gezeigt. Immerhin schaffte es der Beitrag über #MeTwo in die Abendnachrichten der *Tagesschau*, und zwar als erste Meldung – noch vor einer Meldung über Donald Trump.

Warum bin ich, wie ich bin?

Durch #MeTwo taten sich Fragen auf, die unmittelbar an mein Selbstverständnis rührten – als Aktivist und Deutscher. Ihnen wollte, ja, musste ich nachgehen – und so entstand unter anderem die Idee zu diesem Buch.

Im Nachhinein wundere ich mich selbst, warum es mir nicht

eher aufgefallen war, aber irgendwann wurde mir bewusst, dass meine Eltern im Grunde so ähnlich dachten wie die von mir interviewten Menschen in Essen. Mein Vater sagt: »Die Menschen hier haben uns geholfen, wir dürfen hier in Freiheit leben. Natürlich kannst du deine Meinung äußern und die Politik kritisieren, aber mach nicht so viel Ärger. Habe später einen guten Beruf, geh fleißig arbeiten und sorge für dich und später einmal für deine Familie. Und vergiss nicht deine Wurzeln.« Für meine Mutter hingegen ist nur wichtig, dass wir Kinder es gut haben. Sie ist glücklich damit, dass mein Vater und sie arbeiten, in der Nähe von Verwandten leben und sich gut mit den Nachbarn verstehen. Für die Lebensrealität meiner Eltern ist es gänzlich irrelevant, ob sie als Deutsche gelten oder nicht, ob man sie als integriert bezeichnen würde oder nicht – sie sind es einfach. Sie kommen ja gut klar im Alltag. Was für sie zählt, ist, dass sie hier ohne Angst vor einer Abschiebung und in Freiheit leben, arbeiten und für uns Kinder eine neue Welt aufbauen dürfen. Meine Geschwister und ich dagegen sind mehr oder weniger in dieser neuen Welt groß geworden und haben eine andere Ausgangssituation und damit auch eine andere Perspektive auf unseren Alltag. Kein Wunder, dass meine Eltern manchmal nicht nachvollziehen können, warum ich mich so sehr engagiere.

Bei dem Versuch, diesen Unterschied zwischen ihnen und mir besser zu verstehen – genau genommen mich und meine Art, mit Rassismus konstruktiv umzugehen und mich als Deutschen zu begreifen –, habe ich mir noch einmal eine Reihe wichtiger Stationen und Erfahrungen in meinem Leben und dem meiner Familie in Erinnerung gerufen. Davon dürfte einiges typisch für viele andere Migranten- oder Fluchtbiografien sein. Gleichzeitig bin ich auf einige Aspekte oder Erkenntnisse gestoßen, die vielleicht hilfreich sein können, wenn es darum geht, das Thema Integration endlich ernsthaft voranzubringen und vor allem: Deutsch-sein neu zu definieren.

Wenn ich im Folgenden also von meiner Biografie erzähle und davon berichte, wie ich mit dem Sozialaktivismus begonnen habe, dann dient das keinem Selbstzweck. Und schon gar nicht halte ich mich für etwas Besonderes. Ich bin einer von Millionen von eingewanderten Menschen. Und außer mir gibt es viele andere, die sich engagieren. Es ist eine persönliche Suche nach Antworten, die, so hoffe ich, ein wenig dazu beitragen, dass wir uns alle für ein neues Miteinander öffnen.

3 Ankommen in Deutschland. Meine Eltern und ihre Integration

Meine Eltern haben viel damit zu tun, dass mir die Themen Rassismus und Integration so wichtig sind, dass ich beharrlich meinen »konstruktiven« Ansatz verfolge, für gegenseitige Wertschätzung werbe und die Verständigung von unterschiedlichen Menschen fördere. Daher muss ich über sie sprechen, wenn ich von meinem Deutschsein spreche.

Wie viele Migranten der ersten Generation hatten auch meine Eltern nicht die Voraussetzungen und Perspektiven, die mir als Sohn offenstehen. Für sie ging es zunächst nur darum, uns, ihren Kindern, die Existenz zu sichern und eine gute Bildung zu ermöglichen. Das Thema Deutschsein war für sie erst mal zweitrangig. Sie hatten einfach keine Zeit und Muße, sich darüber Gedanken zu machen.

Meine und unzählige andere Eltern, die nach Deutschland gekommen sind, haben nicht zum Vergnügen in Imbissen, auf Baustellen oder in Leiharbeitsfirmen gearbeitet, häufig miserabel bezahlt. Sie taten dies alles, damit wir, ihre Kinder, in dieser Gesellschaft ankommen und uns frei entfalten konnten. Man kann auch sagen: Unsere Eltern haben uns das Deutschsein ermöglicht. Dank ihrer unermüdlichen Unterstützung im Hintergrund und der Strukturen, die sie für uns geschaffen haben, können wir die nächste Phase der familiären Integration einläuten und unsere eigene Identität herausbilden.

61

Als ich im Rahmen von Praktika während meines Lehramtsstudiums in sogenannten Willkommensklassen unterrichtete, also in Klassen mit geflüchteten Kindern und Jugendlichen, habe ich mich immer wieder an meine Jugend erinnert. Die meisten Schülerinnen und Schüler, denen ich dort begegnet bin, würden irgendwann ähnliche Erfahrungen machen wie ich. Ihre Eltern sind unter anderem in Syrien, Afghanistan oder im Irak sozialisiert worden und werden sich vermutlich nie im selben Maße wie sie als Deutsche fühlen. Und das ist vollkommen in Ordnung, es hat ja auch seine Gründe. Die Kinder dagegen sammeln allein schon in den Schulklassen und auf dem Pausenhof Erfahrungen aus zwei Welten. Sie bilden ihre Identität hier aus, finden Freunde und werden irgendwann an den Punkt kommen, an dem sie – anders als ihre Eltern – sagen können: Ich habe mehr als eine Heimat.

Flucht und Asyl

Ich bin kein Gastarbeiterkind und auch nicht zum Studieren oder wegen eines Jobs nach Deutschland gekommen – genauso wenig wie meine Eltern. Sie sind 1995 aus der Türkei hierher geflohen. Zwar stammen sie aus einer ärmlichen und abgeschiedenen ländlichen Gegend im Südosten der Türkei, wo es kaum Perspektiven in puncto Bildung und Arbeit gab. Aber das war nicht der Hauptgrund. Vielmehr gehörten sie wie alle meine Verwandten dort als kurdische Aleviten einer Minderheit an, die in der Türkei immer wieder staatlichen Repressionen bis hin zu Pogromen ausgesetzt war. In Deutschland, so hofften sie, könnten sie für ihre Familie ein neues Leben in einem sicheren Umfeld mit besseren Perspektiven und Bildungschancen aufbauen. Daher haben sie meine Geschwister und mich immer ermahnt, das Leben in Deutschland zu schätzen und einen Beruf zu ergreifen, zu dem wir »nur ein Blatt und einen Kugelschreiber« brauchen – eine Redewendung, die ihren Wunsch ausdrückte, dass wir einen angesehenen, akademischen Beruf ergreifen würden und nicht so schwer arbeiten müssten wie sie.

Beide stammen aus einfachen Verhältnissen. Mein Vater musste nach der fünften Klasse die Schule abbrechen, um als Schäfer zu arbeiten, meine Mutter ist nie zur Schule gegangen, weil es in dem Dorf, in dem sie aufgewachsen ist, keine gab. Ich bin ihr ältestes Kind und im Oktober 1993 in Pazarcık in der Provinz Kahramanmaraş zur Welt gekommen. Im Jahr 1995, kurz nachdem mein jüngerer Bruder geboren wurde, entschlossen sich meine Eltern, aufgrund der politischen Umstände das Land zu verlassen. Schon vor meiner Geburt war mein Vater zwei Mal in die Schweiz geflohen, war aber beide Male abgeschoben worden. Doch er ließ sich nicht beirren. Zusammen mit meiner Mutter und uns beiden kleinen Kindern wagte er einen dritten Versuch. Diesmal wählte er als Ziel allerdings Deutschland, aus Angst, die Schweizer Behörden würden ihn erkennen und erneut abschieben. Der Wunsch meiner Eltern, nach Europa zu kommen, war trotz aller zu erwartenden Widrigkeiten enorm groß. Nach einer mühsamen und wohl auch gefährlichen Reise – beide sprechen bis heute so gut wie nie oder nur äußerst ungern über die genaueren Umstände oder die Route – gelangten wir nach Deutschland, wo meine Eltern Asyl beantragten.

Unsere erste Station in Deutschland war Schwalbach im Taunus, wo wir uns registrieren ließen. Bereits einen Tag später mussten wir mit einem Bus nach Köln fahren und verbrachten dort eineinhalb Wochen auf einem Schiff, das zu einer Art Flüchtlingsunterkunft umfunktioniert worden war. Noch in Köln wurde mein Vater zur Anhörung vorgeladen, wo er die Beweggründe für unsere Flucht schilderte. Nach zehn Tagen auf dem Schiff verlegte man uns für drei Wochen in eine Unterkunft in Lüdenscheid, ehe wir zusammen mit einer anderen kurdischen Familie in einem Minibus nach Warendorf gebracht wurden, eine schöne Kleinstadt im Münsterland.

Zusammen mit der Familie aus dem Bus, einer weiteren Familie und einem Iraner, die ebenfalls Asyl beantragt hatten, wohnten wir zunächst in einer Unterkunft am Bahnhof. Alle Parteien hatten jeweils nur ein Zimmer und mussten sich gemeinsam eine Toilette teilen. Die war natürlich häufig besetzt, und so war die Not manchmal groß. Als ich es einmal nicht mehr aushielt, ließ mich meine Mutter kurzerhand in eine leere Flasche pinkeln. Noch heute erzählt sie unseren Verwandten gern Anekdoten wie diese, wenn wir über die »alten Zeiten« in Warendorf sprechen.

Zwei Jahre vergingen, dann wurde unser Asylantrag abgelehnt. Wir sollten das Land also wieder verlassen. Mein Vater wandte sich an einen Münsteraner Anwalt, der ihm von anderen Asylbewerbern empfohlen worden war. Dieser legte Einspruch gegen die Ablehnung ein, allerdings ohne Erfolg. Uns drohte also nach wie vor die Abschiebung. Mit etwas Mühe fand mein Vater einen zweiten Anwalt, der sich unseres Falles annahm und erreichte, dass unser Verfahren in Münster fortgeführt wurde. Dieses Mal wurde dem Einspruch stattgegeben, und die Abschiebung wurde bis auf Weiteres ausgesetzt. Konkret bedeutete das, von da an als Geduldete alle ein bis drei Monate zur Ausländerbehörde gehen zu müssen, um die Duldungspapiere verlängern zu lassen. Und wenn wir den Landkreis Warendorf verlassen wollten, um beispielsweise Verwandte in der Nähe von Gießen zu besuchen, mussten wir einen Antrag stellen und eine nicht geringe Gebühr zahlen.

Mein Vater arbeitete zunächst in der Küche eines Burgerladens, bevor er nach einigen Jahren zu einer Fleischverarbeitungsfirma wechselte. Dort schuftete er oft mehr als zwölf Stunden am Tag. Meine Mutter putzte in den ersten zehn Jahren in privaten Haushalten und versorgte weitgehend allein uns Kinder (2001 wurde meine erste Schwester geboren, 2006 meine zweite). Für meinen Vater war es wichtig, möglichst ohne Sozialhilfe auszukommen, weil er dem Staat keine Last sein wollte. Er hoffte wohl auch, dass sich das günstig auf unsere Duldungssituation auswirkte.

Irgendwann, 2004 oder 2005, erzählte mein Vater einer Psychologin von unserer großen Angst, abgeschoben zu werden. Sie war direkt in der Nähe der Ausländerbehörde niedergelassen und wurde von uns zurate gezogen, um den Antrag besser begründen zu können. Sehr emotional schilderte er ihr, wie die ganze Asylproblematik nicht nur ihn und meine Mutter, sondern auch uns Kinder seelisch mitnahm, dass er seine eigenen Eltern seit Jahren nicht mehr gesehen hatte und vieles mehr. Nach der Sitzung sagte ihm die Psychologin, sie wolle alles in ihrer Macht Stehende tun, um unsere Situation zu verbessern. Sie hielt Wort und stellte ein ausführliches Attest aus, das sie der Ausländerbehörde übergab. Darin schrieb sie, dass die ganze Unsicherheit, der wir ausgeliefert seien, gravierende gesundheitliche Folgen habe. Da eine Abschiebung uns alle stark traumatisieren würde, empfahl sie, uns einen sicheren und langfristigen Aufenthalt in Deutschland zu gewähren.

Einen Monat später kam der Bescheid: Unsere Duldung wurde von drei auf zwölf Monate verlängert. Ein gutes Zeichen! Euphorisch erzählten meine Eltern unserem Anwalt davon, der daraufhin empfahl, einen Antrag zu stellen, um endgültig aus der Duldung herauszukommen. Meine Eltern erklärten sich einverstanden, in der Annahme, ein solcher Antrag sei ganz unproblematisch. Für sie überraschend stellte der Anwalt jedoch einen gänzlich neuen Asylantrag, der zur Folge hatte, dass das ganze Verfahren noch einmal von vorne losging. Wir wissen bis heute nicht, was den Anwalt damals geritten hat. Sein Vorgehen hat uns jedenfalls eine Menge Ärger beschert. Nach einem Monat erhielt mein Vater den Bescheid, dass er das Land innerhalb von zwei Wochen verlassen musste. Er und meine Mutter verstanden die Welt nicht mehr und waren am Boden zerstört. Das wirklich Schlimme war jedoch: Der Anwalt hatte den neuen Antrag nur im Namen meines Vaters gestellt, so dass die Abschiebung allein ihn betraf. Im Klartext: Unsere Familie sollte getrennt werden.

Dann ging alles sehr schnell. Mein Vater hatte über andere vom Kirchenasyl gehört und suchte gemeinsam mit mir einige Pfarrer in der näheren Umgebung auf, darunter den Vater einer ehemaligen Klassenkameradin aus der Grundschule, um sie um Hilfe zu bitten. Dieser konnte allerdings nicht mehr tun, als ein gutes Wort für uns einzulegen. Ich war dabei, als er erklärte, dass Kirchenasyl eine heikle Sache sei und keine Garantie gegen eine Abschiebung biete. Er übergab uns stattdessen einen Briefumschlag mit Geldspenden von Gemeindemitgliedern für Asylbewerber in Not.

Mein Vater versuchte nun, uns für alle Eventualitäten zu rüsten. Unter anderem gab er mir etliche Telefonnummern und Adressen von unterschiedlichen Leuten und Stellen, darunter von Rechtsanwälten, Ärzten, Nachbarn, Verwandten in Deutschland und in der Türkei. Falls unsere Familie tatsächlich getrennt werden würde, sollte ich die Verantwortung übernehmen. Als ältester Sohn und das Familienmitglied mit den besten Deutschkenntnissen sollte ich für alle sorgen und den Kontakt zum Rechtsanwalt herstellen. Ich war dreizehn Jahre alt und erinnere mich nur noch vage daran, wie ich die Nummern akribisch in mein Handy einspeicherte und inständig hoffte, dass ich sie nie brauchen würde.

Mein Vater war mit diversen Anwälten in Kontakt und versuchte, die Abschiebung irgendwie doch noch zu verhindern. In seinem Einspruch brachte er einige Argumente vor, etwa dass meine Mutter mit dem vierten Kind schwanger sei. Außerdem gehe er seit Jahren einer geregelten Arbeit nach und beziehe keine Sozialleistungen. Und schließlich gingen mein Bruder und ich zur Schule und meine Schwester in den Kindergarten. Doch alle Argumente und Bemühungen schienen nichts zu nützen. In ihrer Not entschieden sich meine Eltern dann, mit uns bei meiner Patentante in einer anderen Stadt unterzutauchen, auch weil sie befürchteten, die Abschiebung könnte am Ende doch für die ganze Familie gelten. Wir hatten Angst, eines Tages ohne Vorwarnung abgeholt und zum Flughafen gebracht zu werden – und diese Angst war nicht unbegründet, weil wir es so bei der Familie der Cousine meines Vaters erlebt hatten. Auch sie waren lange Zeit geduldet gewesen und hatten bereits einige Jahre vor uns ihren Abschiebungsbescheid erhalten. Aber sie wollten das Land ebenfalls nicht verlassen und führten ihr Leben weiter wie gewohnt. Die Kinder gingen zur Schule, und die Cousine meines Vaters arbeitete. Eines Nachts gab es in dem Mehrfamilienhaus, in dem sie wohnten, Feueralarm. Alle Bewohner eilten aus ihren Wohnungen auf die Straße, weil sie dachten, es brenne. Doch das Ganze war ein falscher Alarm – eine perfide, unmenschliche Aktion der Behörden. Draußen wartete keine Feuerwehr, sondern die Polizei mit einem leeren Großtransporter.

Erlebte Solidarität

Was sollten wir tun? Meine Mutter erinnerte sich daran, dass der Vater eines meiner ehemaligen Mitspieler im Fußballverein bei der Stadt Warendorf arbeitete. Mein Vater suchte den Mann auf und bat ihn um Hilfe. Dieser zögerte nicht lange und rief im Namen des Sozialamts gleich die Ausländerbehörde an. Mit deutlichen Worten erläuterte er dem für uns zuständigen Beamten dort, wie schlimm eine Abschiebung auch für die Stadt Warendorf wäre, vor allem für die städtische Kasse. Würde man meinen Vater, den alleinigen Verdiener der Familie, abschieben, könnte der vierköpfige Rest der Familie dem Sozialamt eine Menge Kosten verursachen. Man solle doch mit der Abschiebung noch warten, bis auch die Situation der restlichen Familie geklärt sei. Die Argumente mögen unangenehm kühl und rational klingen, aber der Mann vom Sozialamt wusste, auf welche Logik eine Behörde reagierte.

Am Ende wurde die Abschiebung tatsächlich – wenn auch wieder nur vorerst – ausgesetzt. Nach drei Wochen im Versteck kehrten wir in unsere Wohnung zurück. Wir Kinder besuchten wieder den Unterricht, als wäre nichts passiert. In der Schule verriet ich niemandem den wahren Grund für meine Abwesenheit, auch nicht meinen Freunden – aus Scham, aber auch aus Angst, es könnte sich negativ auf unsere Situation auswirken. Vor allem aber wollte ich diese unangenehmen Themen verdrängen und möglichst normal wirken.

Der städtische Beamte, der sich so für uns eingesetzt hatte, war zuvor ein Jahr lang mein Fußballtrainer gewesen. Sein Sohn besuchte in meiner Grundschule die Parallelklasse. Wir bolzten auf dem Schulhof und spielten im Verein in einer Mannschaft. Als mein Vater meinen Trainer neben dem Platz sah, kam ihm das

Gesicht bekannt vor – er war ihm zuvor schon begegnet, allerdings nicht in der Sportkluft, sondern hinter einem Schreibtisch beim Sozialamt. Er war es, von dem wir Gutscheine und Rabatte für Geduldete, wie zum Beispiel für den Besuch im Schwimmbad, erhalten hatten. Im Lauf der Zeit freundeten sich die beiden Männer an und unterhielten sich oft über alle möglichen Alltagsdinge, aber auch über unsere rechtliche Situation. Wie mein Trainer mir viel später erzählte, hatten er und seine Frau damals, als unsere Abschiebung unmittelbar drohte, sogar darüber gesprochen, uns bei sich aufzunehmen.

Nachdem wir 2008 von Warendorf ins hessische Pohlheim im Landkreis Gießen umgezogen waren, schickten meine Eltern dieser Familie noch einige Jahre lang zu Weihnachten und Ostern aus Dankbarkeit und Freundschaft Schokolade. Wir schrieben uns gegenseitig ausführliche Briefe und brachten uns so auf den neuesten Stand. Noch heute brauche ich nur einen Namen aus dieser Familie zu erwähnen, und die Augen meiner Eltern beginnen zu strahlen.

Auch ich kann meine Dankbarkeit diesem Retter in der Not gegenüber kaum in Worte fassen. Das war eine Erfahrung von Freundschaft und Menschlichkeit, die mich sehr geprägt und sicher dazu beigetragen hat, dass ich im Laufe der Jahre immer mehr das Bedürfnis verspürte, mich meinerseits für andere einzusetzen. Mir ist klar, dass man nicht immer Anerkennung für das eigene Engagement erfährt. Manchmal weiß man nicht, ob die Hilfe etwas gebracht hat und ob man dafür je etwas zurückbekommen wird. Doch aufgrund meiner eigenen Geschichte und der von Freunden kann ich nur sagen: Irgendwann, und sei es Jahre später, kommt der Moment der Dankbarkeit. Alles, was wir für andere Menschen tun, wird Früchte tragen. Jede Geste der Freundschaft bleibt unvergessen.

Alltag unterm Damoklesschwert

Erst im Jahr 2007, nach zwölf Jahren in Deutschland, bekamen wir den eingeschränkten Aufenthaltstitel und konnten uns endlich sicher fühlen (2010 folgte dann der uneingeschränkte Aufenthaltstitel). Doch auch vorher hatten wir trotz der ungeklärten Bleibesituation so gut wie möglich unseren Alltag gelebt. Beide Eltern arbeiteten viel und kümmerten sich um uns Kinder. Wir kamen nacheinander in die Schule und hatten zunehmend eigene Freundeskreise. Meine Eltern verbrachten ihre knapp bemessene Freizeit innerhalb der türkischen Community, in der man interessanterweise weder politische Meinungen noch Religion oder Weltanschauung thematisierte, sondern einfach alle türkeistämmigen Menschen willkommen hieß. Meiner Mutter wuchsen die Menschen in Warendorf, die ihre Sprache sprachen und eine ähnliche Kultur hatten, schnell ans Herz. Mit befreundeten türkischen Frauen fuhr sie auf Konzerte nach Gütersloh und Bielefeld und veranstaltete festliche Kochabende. Dank dieser Kontakte kam sie immer wieder unter Leute und wurde auf jeden Fall selbstständiger und autonomer. Die Teenager und jungen Erwachsenen mit türkischem Hintergrund organisierten regelmäßig kleinere Kunst- und Kulturveranstaltungen und luden dazu alle ein. Auch ich bin gerne hingegangen. Einmal führten wir sogar einen Sketch live beim türkischen Sender Kanal Avrupa auf. Darin spielte ich einen Einwanderer, der in einer Telefonzelle eingesperrt war, weil er nicht wusste, dass die Türen in Deutschland nach außen geöffnet werden und nicht wie in der türkischen Provinz, in der er aufgewachsen ist, nach innen. Letztlich halfen diese Menschen meiner Familie und mir mit ihren Angeboten, uns besser in unserem sozialen Umfeld zu orientieren und zu integrieren.

Auch mein Vater nutzte die kulturelle Verbundenheit mit der türkischen Community. Wegen unserer Duldung musste er gelegentlich Formulare ausfüllen, deren Amtsdeutsch er mit seinen eher geringen Sprachkenntnissen kaum verstand. Manchmal, wenn er nicht weiterkam, ging er in Dönerimbisse, in denen Türken arbeiteten. Er bestellte eine kleine Speise oder ein Getränk und plauderte ein wenig mit den Mitarbeitern. So saß er eine ganze Weile da und wartete auf einen günstigen Augenblick, um einen der Männer zu bitten, ihm beim Ausfüllen der Formulare zu helfen. Waren viele Gäste da und entsprechend viel zu tun, musste er manchmal lange warten.

Wenn ich ab und zu nach dem Training mit einem Fußballkumpel noch einen Döner essen ging, trafen wir dort gelegentlich meinen Vater. Die Erinnerung, wie er da allein an seinem Tisch saß, türkischen Tee trank und in den Unterlagen blätterte, bewegt mich noch heute. Inzwischen habe ich erkannt, was für eine Kämpfernatur mein Vater ist. Auf seine Weise hat er nach Möglichkeiten gesucht, mit der Duldung umzugehen und all die bürokratischen Hürden zu überwinden.

In Gießen war ich einmal mit ihm bei einer Behörde. Wir standen an einem Schalter, und mein Vater gab Dokumente ab. Die Frau hinter dem Tresen erklärte nach einem kurzen Durchblättern, dass sie unvollständig seien. Mein Vater verstand sie nicht so gut und sah die Dame weiter an. Die Frau sagte genervt: »Was gucken Sie mich so mit Ihren großen Pferdeaugen an? Ich kann Ihnen auch nicht helfen.« Dann sind wir rausgegangen. Ich weiß, dass mein Vater so ein Verhalten durchaus registriert, und finde es erstaunlich, wie er es hingenommen hat. Aber er hatte ein Ziel: hier in Deutschland bleiben. Deshalb wollte er keinen Streit. Ich habe so gut wie nie erlebt, dass er ausgerastet wäre oder über Rassismus geklagt hätte. Nie wurde er wütend oder unterstellte anderen Böses. Er hat sich eben nicht unterkriegen lassen.

Nur ein einziges Mal brach es aus ihm heraus, ein denkwürdiger Moment: Wir wohnten in einem Mehrfamilienhaus, und in den Wohnungen neben und unter uns wohnten Neonazis, die uns schikanierten. Sie klopften häufig nachts an die Tür oder von unten an die Decke. Einmal hatten wir Besuch, und als wieder von unten geklopft wurde, stampfte mein Vater als Reaktion heftig mit dem Fuß auf. In der Nacht bin ich irgendwann aufgewacht, ein Krankenwagen war gekommen. Ich fragte meine Mutter, was los sei. Sie sagte: Papa kann sich nicht bewegen, irgendetwas mit seinem Fuß ist nicht in Ordnung. Er kam dann ins Krankenhaus, wo man feststellte, dass er sich den Fuß gebrochen hatte. Wir zogen nach nur einem Jahr wieder aus dem Haus aus.

Ich habe wohl einiges von meinem Vater »geerbt«: eine gewisse Beharrlichkeit, die konstruktive Herangehensweise, die kreative Suche nach Lösungen und nicht zuletzt eine Zuversicht, die dabei hilft, sich nicht so leicht unterkriegen zu lassen. Wenn ich heute manchmal an mir und meinen Projekten zweifle oder wenn mir alles über den Kopf wächst, denke ich an Situationen mit meinem Vater zurück und überlege: Wie könnte es weitergehen? Wo gibt es Hoffnung? Dann suche ich nach Möglichkeiten, meine negativen Emotionen zu kanalisieren und in positive Lösungen münden zu lassen.

Auch meine Mutter hat mich mit ihrer offenen und menschenfreundlichen Art geprägt. Dass ich mich schnell emotional berühren lasse und so intensiv mit anderen mitfühle, hätte ich von ihr, sagt sie. Sie erzählt manchmal, wie sie bei ihren Großeltern auf dem Land aufwuchs – ohne Strom und Wasseranschluss. Wenn ihre Onkel gemeinsam mit ihrem Großvater Schafe schlachteten, hängten sie diese anschließend so an

Ästen auf, dass keine Hunde oder andere Tiere an sie herankamen. Häufig trotteten dann die jüngeren Schafe herbei, und so wie sie blökten, schien es, als »beklagten« sie ihre toten Eltern. Jedenfalls kam es meiner Mutter damals so vor und sie musste dann ihrerseits vor Rührung weinen. Für sie war klar, dass die jungen Schafe wie wir Menschen Schmerz, Trauer und Sehnsucht nach den Eltern empfinden konnten. »Das hast du von mir. Ich bin auch sehr emotional und versetze mich in alle Wesen hinein.« Mich hat sie unter anderem mit solchen Geschichten bestärkt, Mitgefühl zuzulassen und mir Gedanken über meine Umwelt zu machen.

Ähnlich ist es mit der Gastfreundschaft. Obwohl das Haus meiner Urgroßeltern fernab von anderen Häusern lag, kamen hin und wieder Fremde – Reisende, Schäfer und andere – des Wegs und blieben für ein oder zwei Tage. Darunter waren auch geflohene Oppositionelle oder andere, die Schutz suchten – sie alle waren willkommen. Meine Urgroßeltern wussten, was Not ist. Wie meine Mutter mir erzählte, hatten sie selbst kaum etwas zu essen und mussten kilometerweit laufen, um sauberes Wasser zu holen. Ihr Gemüse bauten sie selbst an, und Fleisch gab es selten. Trotzdem oder gerade deswegen kümmerten sie sich um Hilfe suchende oder hungrige Menschen. Stets hielten sie eine Portion Essen und einen Krug Wasser für den Fall bereit, dass ein Gast hinzukam. Meine Mutter schwärmt heute noch stolz von der Devise ihrer Großmutter: »Habt immer ein bisschen Wasser und Essen für erschöpfte Gäste. Wenn jemand den Weg zu uns findet, helfen wir.« Damals wie heute spielte Gastfreundschaft in weiten Teilen der Türkei eine große Rolle, und das tut sie auch in meinem Leben.

Leben ohne Großeltern

Eine andere Folge der langen Zeit der Duldung war der fast komplette Abbruch des Kontakts zu meinen Großeltern. Aufgrund des unsicheren Aufenthaltsstatus haben wir von dem Tag der Einreise 1995 bis 2009, als wir unseren ersten Türkeiurlaub unternahmen, Deutschland nicht verlassen. In den vierzehn Jahren konnte ich also meine Großeltern nicht besuchen. Wären wir während unserer Duldung in die Türkei geflogen, um Verwandte zu besuchen, wäre uns die erneute Einreise nach Deutschland verwehrt worden. Meine Großmutter mütterlicherseits schaffte es hin und wieder, aus der Türkei mit einem Visum einzufliegen. So lernte ich immerhin sie ein wenig kennen. Mein Vater aber hat seine Eltern nach der Flucht nur noch einmal wiedergesehen, und zwar als sie uns im Jahr 2000 anlässlich der Beschneidungsfeier von meinem Bruder und mir für einige Wochen besuchten.

Ich weiß noch genau, wie ich im Jahr 2004 eines Tages mittags von der Schule heimkam und es sehr still in der Wohnung war. Also ging ich ins Wohnzimmer und sah meinen Vater, der auf dem Sofa saß, ins Leere blickte und schwieg. Ich merkte, dass ihm Tränen über die Wangen liefen. Es war das erste Mal, dass ich meinen Vater weinen sah. Ich ging in die Küche zu meiner Mutter. Sie war – auffällig leise – am Kochen und erklärte mir, dass mein Opa gestorben sei. Ich blieb kurz verdutzt stehen und ging dann in mein Zimmer. Ich erinnere mich, dass ich die Stimmung als sehr befremdlich empfand, aber so richtig betroffen hatte mich die Nachricht nicht gemacht.

In den nächsten Tagen besuchten uns einige Verwandte, die in Deutschland lebten, um uns ihr Beileid auszusprechen. Ich konnte den Gesprächen über meinen Opa und über die Lage in Pazarcık nicht folgen. Beides war mir fremd. Ich versuchte zwar, mich an meinen verstorbenen Opa zu erinnern. Ja, ich versuchte bewusst, traurig zu sein und zu weinen wie mein Vater – aber es gelang mir nicht. Ich war ja noch nie in der Türkei gewesen und hatte ihn kaum gekannt.

Mein Vater durfte aufgrund der Duldung noch nicht einmal zur Beerdigung seines Vaters in die Türkei reisen. Ein Jahr später verstarb auch seine Mutter, und wieder musste er seine Trauer allein in der Fremde verarbeiten. Das tut mir bis heute sehr leid, und ich spüre eine Wut in mir, wenn ich mich in die Lage meines Vaters versetze. Er aber ließ sich seine Gefühle nie anmerken, wirkte immer eher verschlossen und introvertiert. Nie äußerte er Groll gegen den Staat oder Beleidigungen gegen diejenigen, die Geduldeten das Leben schwer machen. Heute weiß ich, dass meine Eltern für uns Kinder starke Vorbilder sein und uns den Glauben an eine bessere Zukunft weitergeben wollten.

Der Dönerimbiss als Begegnungsstätte

Meine Eltern kamen endgültig in Deutschland an, als sie Ende 2008, ein knappes Jahr nach unserem Umzug von Warendorf nach Pohlheim bei Gießen, den Dönerimbiss fanden, den sie bis heute betreiben. Durch einen Zufall erfuhr mein Vater, dass ein Dönerimbiss ganz in der Nähe unserer damaligen Wohnung zum Verkauf stand. Da wir kein Kapital hatten, um den Imbiss zu kaufen, rief mein Vater umgehend Verwandte und Bekannte an und erzählte ihnen von dieser einmaligen Chance. Zunächst fand er niemanden, der ihn unterstützen konnte, und der Traum vom eigenen Laden stand auf der Kippe. Schließlich konnten wir doch mit der Hilfe eines Cousins, der sich etwas angespart hatte, den Imbiss erwerben. So wurden meine Eltern Inhaber eines kleinen Familienbetriebs.

Der Dönerimbiss ist unscheinbar am Ortsausgang von Pohlheim gelegen und sieht so aus wie jeder kleine Imbiss. Er hat eine Küche, einen Lagerraum mit einem Sofa darin und im vorderen Bereich vier kleine Tische für die wenigen Gäste, die direkt vor Ort essen mögen. Meine Eltern freuten sich riesig darüber, dass sie nun selbstständig waren. Auch ich war glücklich, weil wir mit dem eigenen Geschäft einen neuen Meilenstein erreicht hatten. Andererseits war ich vom ersten Tag an in die Arbeit involviert, sodass meine euphorischen Gefühle mit der Zeit abkühlten. Nicht zuletzt auch deshalb, weil ich von meinen Freunden aus der Schule und aus dem Fußballverein mit dem Klischee aufgezogen wurde: »Ali, der Türke«, dessen Eltern einen Dönerimbiss haben – wie im Bilderbuch.

An den Wochenenden und vor allem zur Abendzeit ging es hoch her, und es wurde viel telefonisch bestellt. Da meine Eltern nicht so gut Deutsch konnten, nahm ich die Bestellungen entgegen. An Freitag- und Samstagabenden kamen oft Freunde von mir vorbei und aßen sich satt, bevor sie zum Feiern nach Gießen fuhren – während ich in der Küche half, Kraut schnitt und die Zutaten an der Theke auffüllte. Erstaunlicherweise legte mein Vater einiges Kochtalent an den Tag, obwohl daheim nur meine Mutter kochte. Bis dahin hatte sie mir immer gesagt, ich müsste nicht kochen lernen, weil sie ja da wäre. Kein Wunder also, dass ich mich im Imbiss ungeschickt anstellte. Meine Mutter hingegen lernte von heute auf morgen, diverse Standardgerichte zuzubereiten – Döner, Lahmacun, Zigarrenbörek, aber auch Schnitzelvarianten, Pizza und Salate.

Bei aller Dankbarkeit gaben mir meine Eltern immer wieder zu verstehen, dass sie meine Hilfe für selbstverständlich hielten: »Du bist unser ältester Sohn, und es gehört sich, dass du uns unterstützt. Wer sonst sollte uns helfen? Wir wollen nicht zum

Sozialamt gehen. Du weißt ja, was Deutsche über arbeitslose Ausländer denken. Nun verdienen wir unser eigenes Geld und müssen dranbleiben. So eine Chance muss man nutzen!«

Sie wussten natürlich auch, dass ich meine Freunde beneidete, die mehr Zeit für ihre Hobbys hatten, und versuchten deshalb, mir die Arbeit angenehmer zu machen. Zum Beispiel kam meine Mutter in die Küche, wenn ein hübsches Mädchen bei uns zu Gast war, und fragte mich, ob ich mich nicht mit den Gästen unterhalten wollte. Oder sie flüsterte mir hinter der Tür zu: »Ali, da ist ein schönes Mädchen vorne. Vielleicht kannst du sie kennenlernen.« Dann zwinkerte sie mir zu und ermutigte mich, den Döner zuzubereiten. Ich blickte dann im Lagerraum kurz in den Spiegel, trat mit einem breiten Grinsen aus der Küche und begrüßte das Mädchen: »Was kann ich für dich tun?« – »Ich hätte gern einen Döner.« Ich versuchte zu kaschieren, dass mir das Brot in der Hand zu heiß war, während ich die Salate hineintat. Meist fragte ich, auf welche Schule sie ging oder ob sie auch aus Pohlheim sei. Obwohl ich schon immer sehr gerne mit Menschen sprach, war ich zu mehr Dialog und Witz an der Theke nicht in der Lage. Die Situation überforderte mich. Wenn eine Kundin ein Lahmacun bestellte, musste ich sogar meine Mutter aus der Küche nach vorne bitten, da ich allein kein Lahmacun rollen konnte, ohne dass die Rolle anschließend wieder aufging und der Inhalt rausfiel. In solchen Momenten stand ich hilflos zwischen dem sich drehenden Dönerspieß und meiner souveränen Mutter. Wir trugen beide »Döner macht schöner«-T-Shirts, und ich war oft rot im Gesicht, aber nicht aus Schüchternheit, sondern weil ich neben dem unfassbar heißen Döner-Heizstrahler stand, der einen 20-Kilogramm-Spieß in wenigen Minuten grillen konnte. Es gibt jedenfalls günstigere Situationen zum Flirten.

Aber bald stellte ich fest, dass ich im Laden vielen verschiedenen Menschen begegnen und mit ihnen über alle möglichen Dinge sprechen konnte. Wenn sich jemand für Literatur interessierte, kümmerten sich meine Eltern um die Bestellung und ich konnte mich unterhalten. Ich mochte diese kleinen Gesprächsinseln, auf denen ich mein Wissen und all die Erfahrungen, die ich in der Schule, im Theater oder im Verein sammelte, ausbreiten konnte. So schuf ich mir meinen eigenen Raum im Döner, und es wurde dadurch weniger schlimm, arbeiten zu müssen.

Als ich meinen Führerschein hatte, übernahm ich häufig den Lieferservice und bekam dadurch einiges vom Ortsgeschehen mit. Wenn ich die Bestellungen zu den Kunden fuhr, konnte ich an der Haustür oder im Treppenhaus ein wenig mit ihnen plaudern. Bei größeren Bestellungen fragte ich gerne mal nach: »Na, was feiert ihr heute?« Oft erfuhr ich auf diese Weise von der ein oder anderen interessanten Veranstaltung und bekam mit, was in der Region so los war.

Der Döner ist ein fester Bestandteil der deutschen Lebensrealität geworden. Wo früher Menschen immer zum selben Bäcker oder Metzger gingen und damit eine soziale Konstante in ihrem Leben hatten, gehen sie heute zu »ihrem« Dönerladen und erleben dort Gemeinschaft. Während meine Eltern das Essen zubereiten, klatschen und tratschen sie über das Dorf- und Stadtgeschehen, über die Arbeit, Feste und allerlei andere Dinge. Ich kenne wenige Orte, an denen so viele verschiedene Menschen zusammenkommen. Um nur einige Beispiele zu nennen: Da ist der alteingesessene ältere Mann, der, nachdem er tagsüber in seinem Garten gearbeitet hat, bei uns einen Dönerteller isst und im Sportteil der gestrigen Tageszeitung liest. Da sind natürlich auch die aus allen Ecken Deutschlands nach Gießen gezogenen Studierenden und Doktoranden, die nach einem langen Tag in der Bibliothek ihr vegetarisches Falafel-Dürüm verspeisen, um danach weiterzulernen. Und da ist die vierköpfige Familie aus der Nachbargemeinde, die ihre Radtour über die Feldwege im Gießener Umkreis gemütlich bei uns ausklingen lässt. Und schließlich sind da auch verschiedene Migranten, hauptsächlich Aramäer und Leute aus Rumänien und Ungarn, die in hessischen Leiharbeitsfirmen arbeiten.

Meine Eltern haben mit dem Dönerladen einen Raum der Begegnung geschaffen. Der Imbiss hat eine wichtige soziale Funktion. Meine Vision von Begegnungsstätten, in denen ein interkulturelles Miteinander gelingt und sich Menschen in Ruhe austauschen können, hat im Grunde in unserem Döner ihren Anfang genommen. Bei uns im Laden bleibt keiner wirklich in seiner Blase, sondern bringt sich ein, wenn mein Vater über die Theke mit einem Gast über Gott und die Welt plaudert. Heute plädiere ich bei Podiumsdiskussionen und Vorträgen dafür, dass wir viel mehr nach Gemeinsamkeiten als nach Unterschieden suchen, dass wir einen gemeinsamen Nenner finden, um niederschwellig in den Austausch zu kommen. Bei uns im Imbiss war der gemeinsame Nenner natürlich das Essen, die Liebe zum Döner. Wie schön wäre es, wenn jeden Tag Dönerstag wäre (oder Falafeltag für die Vegetarier).

Als ich in die gymnasiale Oberstufe ging, bediente ich gerne Kunden, mit denen ich über gesellschaftspolitische Themen sprechen konnte. Wenn meine Eltern merkten, dass jemand bei der Stadt Gießen oder in politischen Vereinen arbeitete, erwähnten sie mich: »Hier, mein Sohn Ali, er macht auch solche Sachen.« Dann blühte ich auf und begann zu erzählen.

Aber auch das Zuhören spielte eine Rolle. Wir hatten fast nur Stammkunden, die mindestens einmal in der Woche vorbeikamen und das Neueste aus ihrem Leben erzählten. Meine Eltern waren wirklich daran interessiert. Wenn ich in der Küche stand und Tomaten schnippelte, bekam ich mit, wie sich meine Mutter nach der persönlichen Situation oder den Angehörigen eines Kunden erkundigte. Fürs Zuhören wurde unser Imbiss einmal sogar in der *Frankfurter Allgemeinen Zeitung* ganzseitig porträtiert.[50] Genauer gesagt ging es darum, dass ich mich mit Kunden, die die AfD wählten, ausführlich unterhielt. Zu dem Zeitpunkt hatte ich schon die »Hotline für besorgte Bürger« ins Leben gerufen und war bekannt dafür, dass ich mich bewusst mit besorgten Bürgern und Sympathisanten der AfD in Diskussionen begab und den Austausch suchte. Das hatten auch einige Kunden mitbekommen, die zu dieser Gruppe zählten. Ich versuchte, in den Gesprächen mit ihnen anhand unserer eigenen Integrationsgeschichte klarzumachen, wie wichtig das Miteinander und eine offene Gesellschaft seien. Gleichzeitig hatte ich ein offenes Ohr für ihre Skepsis und Kritik und verurteilte sie nicht. Zu hören, dass wir eine Zeit lang geduldet gewesen waren und fast abgeschoben worden wären, hat manch einen dazu gebracht, noch mal über Asylprozesse, Integration und Einbürgerungsvoraussetzungen nachzudenken.

Sprache und Integration

In den ersten Jahren, nachdem wir den Imbiss übernommen hatten, war es mir unangenehm, wenn meine Eltern vor deutschen Kunden Türkisch sprachen. Dabei war es einfach nur praktischer für sie, sich auf Türkisch über die Bestellung und die speziellen Wünsche eines Kunden zu verständigen. In meinem übertriebenen Eifer, mich zu integrieren und so zu sein wie die anderen gleichaltrigen Deutschen, bat ich sie, Deutsch zu sprechen. Sie entgegneten mir dann, dass wir uns in keinem deutschen Restaurant oder in einer Behörde befänden, sondern in unserem eigenen Imbiss. Damals dachte ich, dass die deutschen Kunden uns mehr akzeptieren würden, wenn wir Deutsch sprächen. Aber meine Eltern behielten recht, und heute sehe ich ein, dass es völlig in Ordnung ist, wenn sie miteinander Türkisch reden. Irgendwann habe ich mich bei meinen Eltern dafür entschuldigt, dass ich so hart mit ihnen ins Gericht gegangen bin.

Mit den Kunden sprechen sie natürlich Deutsch. Und obwohl ich besser Deutsch kann als mein Vater, habe ich ihn immer bewundert, wie charmant und sicher er mit ihnen umgeht. Wenn ich ihm und meiner Mutter zuhörte, merkte ich schon früh, dass der Wortschatz gar nicht entscheidend war. Im Grunde reichen ein Çay (türkischer Schwarztee), ehrliche Fragen und die authentische Art meiner Eltern aus, um einen Draht zu ihren Kunden herzustellen. Dass sie nur gebrochen Deutsch sprechen, ist kein Problem. Unsere Kunden finden meine Eltern freundlich und vollkommen integriert. Das sind sie schließlich auch – genau so, wie sie sind.

In Diskussionen ist immer wieder zu hören: »Wer soundso viele [setzen Sie hier eine beliebige Zahl ein] Jahre in Deutschland lebt und noch immer kein gutes Deutsch spricht, will sich nicht integrieren.« Regelmäßig betonen Politikerinnen und Politiker, wie wichtig die Sprache für das Ankommen in der Gesellschaft sei. Sie sei der »Schlüssel zur Integration«. Nicht umsonst sind die meisten Integrationskurse überwiegend Sprachkurse.

Ein Interview in der *Bild*-Zeitung mit der Schlagzeile: »Nur eins von 103 Kindern spricht zu Hause deutsch«[51] hat mich vor Kurzem sehr bewegt. Darin beklagt die Rektorin einer Berlin-Neuköllner Grundschule, dass in fünf ersten Klassen bis auf ein Kind alle zu Hause ausländische Sprachen sprechen. Ihr Resümee: »Wir sind arabisiert.« Ein Sozialarbeiter, der seit neun Jahren im Einzugsgebiet der Schule tätig ist und viele Familien der Schüler kennt, sagt: »Viele sind immer noch in zwei Welten zu Hause, vor allem die Frauen sprechen oft kein Deutsch.« Die Berliner Boulevardzeitung *BZ* titelte daraufhin: »BZ-Ortsbesuch im Viertel der gescheiterten Integration«.[52]

Mal angenommen, es gäbe ein Viertel, in dem viele Familien zu Hause nur Russisch sprächen. Kein Mensch käme auf die Idee, von einer »Russisierung« zu sprechen. Mit dem Wort »arabisiert« aber macht die Rektorin aus einer realen schulpolitischen Herausforderung – die Kinder müssen so schnell wie möglich Deutsch lernen, um am Unterricht teilnehmen zu können – ein gesellschaftspolitisches Negativszenario, so als hätte sich der Aggregatzustand unserer Gesellschaft geändert. Dabei hätte die Überschrift des *Bild*-Artikels aus einer anderen Perspektive ja auch so lauten können: »Neukölln – Viertel der Mehrsprachigkeit«. Und der Untertitel: »102 von 103 Kindern können neben Deutsch auch Arabisch, Türkisch oder Russisch sprechen.«

Wie lebensfremd ist es zu fordern, dass jemand, der zwei oder mehr Sprachen spricht, sich für eine entscheiden solle? Wenn ich meine Eltern zu Hause besuche, rede ich mit ihnen natürlich Türkisch. Deswegen bin ich keinen Deut weniger deutsch und sie sind nicht weniger integriert. Und sie würden mit Recht den Kopf schütteln, wenn man ihnen vorwerfen würde, dass wir in den eigenen vier Wänden Türkisch sprechen. Warum sollte man sich auch zu Hause dazu zwingen, eine Sprache zu sprechen, in der man sich nur mit Mühe verständigen kann? Kann man seinem Kind nur dann ein besserer Vater und eine bessere Mutter sein, wenn man über einen großen deutschen Wortschatz verfügt? Bei mir war es genau andersherum: Gerade *weil* meine Eltern gute Eltern waren und für ihre Kinder so viel geleistet haben, konnten sie die deutsche Sprache nicht gut lernen. Sie hatten dafür schlicht nicht die Kapazitäten frei.

Ich bin in Deutschland aufgewachsen und hatte darum viele Gelegenheiten, die Sprache zu lernen. Mein Deutsch habe ich in der Schule, durch Freunde, Bekannte, Nachbarn, Sportvereine, Hobbys und Medien stetig verbessert. Im Unterschied zu mir hatten meine Eltern nicht das Privileg, einen deutschen Kindergarten und später eine deutsche Schule zu besuchen. Sie kamen ohne Schulabschluss und Deutschkenntnisse ins Land und konnten nur in Berufen arbeiten, die kaum deutsche Sprachkenntnisse erforderten. Mit mir und meinen Geschwistern haben sie Türkisch gesprochen, was für uns ein Glücksfall war. Wir haben durch die türkische Sprache einen besseren Kontakt zu unseren Verwandten pflegen können, hatten tiefere Einblicke in Bräuche und Traditionen. Letztlich haben uns die zwei Sprachen auch geholfen zu verstehen, dass es nicht nur eine Perspektive auf die Welt gibt.

Wenn ich nur eine Sprache gelernt hätte, würde ich persönlich vermutlich viel weniger Wert auf kulturelle Verständigung legen. Im Nachhinein erscheinen selbst Alltagssituationen bemerkenswert. So konnte ich etwa beim Elternsprechtag in der Schule meinem Vater die Worte des Lehrers übersetzen. Ich war quasi ein Brückenbauer. Oft wurde mir diese Rolle auch von außen aufgedrückt, was ich als kleines Kind nicht immer toll fand. Aber aufgrund solcher Erfahrungen weiß ich mittlerweile, dass jede weitere Sprache, die wir lernen, inklusiv funktionieren kann. Man kann Menschen besser einbinden und ihnen das Gefühl von Zugehörigkeit vermitteln.

Die meisten MeTwoler sprechen mehr als eine Sprache – mal besser, mal schlechter. Wenn eine deutsche Person ohne Migrationshintergrund eine Fremdsprache erlernt, dann gilt das als lobenswerte Zusatzqualifikation, ja vielleicht sogar als Beleg für interkulturelle Kompetenz. Deshalb sage ich: Alle, die von Hause aus zwei oder mehr Sprachen sprechen, sind ebenfalls gut qualifiziert und interkulturell kompetent. Allein aus diesem Grund sind sie für Deutschland ein Gewinn. Und das gilt eben nicht nur für Fremdsprachen wie Englisch, Spanisch und Chinesisch, sondern selbstverständlich auch für Arabisch, Türkisch oder Farsi.

Ich bin im Südosten der Türkei geboren und habe von klein auf mit meinen Eltern Türkisch gesprochen. Meine Mutter und mein Vater sprechen miteinander häufig Kurdisch, ebenso mit der Verwandtschaft in der Türkei, vor allem mit den Älteren. Ich kann so gut wie kein Kurdisch und habe das immer als Mangel empfunden. Meine Eltern haben meinen Geschwistern und mir die Sprache vor allem deshalb nicht beigebracht, weil wir erst einmal Türkisch lernen sollten. Sie befürchteten, wir könnten im Falle einer Abschiebung ohne Türkischkenntnisse große Schwierigkeiten im Alltag in der Türkei bekommen. Mein Vater sagt, seine Muttersprache sei Kurdisch, aber ich finde, seine Türkischkenntnisse sind besser. Auch meine Mutter spricht besser Türkisch als Kurdisch. Ich selbst habe nur ein paar Brocken gelernt. Dafür spreche ich fließend Deutsch, denke und träume auch auf Deutsch. Was ist jetzt meine Muttersprache? Dass es darauf keine eindeutige Antwort gibt, ist ein gutes Beispiel für mein MeTwo-Sein.

Das besonders Perfide an Artikeln wie denen in der *BILD* und der *BZ* ist nicht nur, dass sie den Eindruck vermitteln, es sei schlimm, wenn Kinder zu Hause die Herkunftssprache ihrer Eltern sprechen, sondern dass sie auch unterstellen, die Eltern wollten überhaupt nicht, dass die Kinder Deutsch lernen und sich integrieren. Das Gegenteil ist der Fall. Eltern in Einwandererfamilien und insbesondere die Eltern von Neuankömmlingen unterstützen es in den allermeisten Fällen, dass die Kinder so schnell wie möglich Deutsch lernen – zum einen, weil sie dann bei der Übersetzung von Briefen und Formularen helfen können, zum anderen erhöht es die Chancen auf eine gute Ausbildung. Wie oft hat mein Vater mich ermahnt zu lesen. Wie oft hat er auf die fehlenden Bildungsmöglichkeiten damals in der Türkei verwiesen und die Chancen betont, die wir Kinder hier hätten. Meinen Eltern war es immer wichtig, dass wir in der Schule erfolgreich sind und ein sehr gutes Deutsch sprechen. Deswegen brachten sie ab und an sogar deutsche Bücher vom Flohmarkt mit nach Hause. Sie wussten zwar nie genau, wovon die Bücher handelten, aber sie kauften sie trotzdem, damit wir lesen konnten.

Mein Bruder und ich waren als Kinder allerdings nie sonderlich interessiert an Büchern oder Hörbüchern. So etwas galt in unserer Clique als uncool. Lieber trafen wir uns mit Freunden auf dem Schulhof, spielten Fußball, Basketball oder machten Unfug. Aus unserer Kindersicht war Bücherlesen nur etwas für wohlsituierte »Almans«. Heute sehen mein Bruder und ich das ganz anders.

Was ich vor allem sagen möchte: Ob ich eine Sprache beherrsche oder nicht, sagt nichts über meine Werte aus und auch nicht darüber, welche Haltung ich gegenüber Gesetzen, Traditionen und anderen Menschen habe. Schon gar nicht können meine Sprachkenntnisse Indikatoren für den Stand meiner Integration sein. Denn Integration bedeutet in erster Linie, Orientierung zu finden – das heißt, in einer Stadt oder Region Fuß zu fassen, sich nach und nach die dortigen Werte zu eigen zu machen und im Idealfall mit den Menschen um einen herum in Kontakt zu treten. Dazu muss man aber nicht einwandfrei die deutsche Sprache beherrschen.

Wie integriert sind meine Eltern?

Meine Eltern haben mich immer wieder zum Staunen gebracht. Sie haben die deutsche Bürokratie gemeistert und das fast ohne Deutschkenntnisse. Sie bemühten sich um einen rechtlich sicheren Aufenthalt, haben sich eine Arbeit gesucht, nach und nach die Sprache erlernt, ihre Kinder in die Schule geschickt und sich mit dem Leben in einer deutschen Stadt und der dortigen Infrastruktur vertraut gemacht. Kurz: Sie haben sich und uns eine Existenz aufgebaut. Das meint man üblicherweise mit dem abstrakten Begriff Integration. Mittlerweile haben sie sich an ihrem Wohnort Orientierung verschafft: was die Umgebung angeht, die Arbeit der Behörden, das Innenstadtleben, Post, Gesundheitswesen und so weiter. Außerdem haben sie sich ein soziales Umfeld geschaffen, in dem sie sich wohlfühlen. Gerade durch Unternehmungen mit anderen Kurden, Iranern und Kosovo-Albanern wurden sie nach und nach selbstständiger und selbstbewusster. In meinen Augen ist das alles ein wichtiger Teil der Integration, weil es langfristig betrachtet nicht zuletzt um Emanzipation, Selbstorganisation und Autonomie geht.

Die Erfahrungen mit meinen Eltern haben mir gezeigt, wie wichtig eine positive, zuversichtliche Grundhaltung und etwas Kreativität sind. So hat sich mein Vater wacker und stets ohne Groll durch den Dschungel von Formularen, Beschlüssen, Gerichten und Anwälten gekämpft. Meiner Meinung nach müsste diese Leistung von ihm und all den anderen geflüchteten und zugewanderten Menschen viel mehr Anerkennung finden. Ein Asylbewerber, Flüchtling oder Geduldeter wird in Deutschland als jemand angesehen, der noch nicht wirklich angekommen ist, sondern sich in einem Zwischenstadium befindet – noch weit entfernt von Integration. Doch angesichts des enormen Engagements, das Zugewanderte gerade in den ersten Jahren an den Tag zu legen haben, müssen wir den Begriff Integration neu denken. Sie bedeutet eben nicht, dass man einen von der Gesellschaft festgelegten Katalog an Kriterien erfüllen muss. Sie ist auch nicht nur eine bürokratische Herausforderung oder ein rechtlicher Status. Sie steht vielmehr für das Bemühen jedes Einzelnen, sich in seiner ganz persönlichen Weise auf das neue Land einzulassen – auch wenn dieser Wille nicht immer gleich von außen zu sehen ist.

Einmal kam mein Vater mit einem Kunden ins Gespräch über Integration. Auch dieser Mann behauptete, dass es fundamental sei, die deutsche Sprache zu beherrschen, wenn man in Deutschland leben wolle. Da stellte mein Vater dem Kunden eine Frage, die auch mich stark zum Nachdenken brachte: »Bei Integration muss man auch auf den Charakter schauen. Fänden Sie es besser, wenn ich gut Deutsch sprechen und Erdoğan wählen würde, oder wenn ich nur so gut Deutsch spreche, wie ich es tue, aber dafür Steinmeier als unseren Präsidenten ansehe und Erdoğan ablehne?« Der Kunde verstand erst nicht, was mein Vater in seinem »gebrochenen« Deutsch zu erklären versuchte, also half ich nach. Der Mann dachte dann ein wenig nach, bevor mein Vater fortfuhr: »Wir können uns irgendwie verständigen. Aber wichtiger, als dass wir miteinander sprechen können, sollte meine Haltung zur Demokratie sein. Oder worum geht es bei Integration?« Seine Sichtweise auf das Thema Integration hat mich sehr geprägt.

Manchmal frage ich mich, wer eigentlich beurteilt, ob Integration gelungen ist oder nicht. Und gibt es überhaupt einen geeigneten Zeitpunkt, zu dem man das beurteilen kann oder sollte? Ist Integration nicht vielmehr ein Prozess, der unterschiedlich lang dauert, der von Mensch zu Mensch verschieden abläuft und individuell andere Anforderungen stellt? Das sind keine einfachen Fragen, und die Antworten sind umso schwieriger. Auf jeden Fall waren meine Eltern gerade aufgrund ihrer Erfahrungen als Angehörige einer Minderheit in der Türkei für demokratische Werte sensibilisiert. Insofern brachten sie die »richtigen« Voraussetzungen mit. Aber gibt es tatsächlich kulturelle oder politische Voraussetzungen, die nötig sind, damit jemand sich integrieren kann? Oder können wir diese Prinzipien nicht auch im Austausch mit unseren Mitmenschen erlernen?

Für mich heißt Integration, sich in der neuen Lebensumgebung mit ihren Anforderungen zu orientieren. Vor allem aber bedeutet sie eine permanente Auseinandersetzung mit den eigenen Bedürfnissen, Interessen, Werten und Überzeugungen und denen der neuen Mitmenschen. Meine Eltern und ich sind integriert – wenn auch auf unterschiedliche Weise. Die Voraussetzungen, die sie und ich hatten, die Wege, die sie und ich gehen mussten, und die Ressourcen, die uns jeweils zur Verfügung standen, waren verschieden. Doch deshalb ist keiner von uns besser oder schlechter integriert. Ich würde sogar behaupten, dass meine Eltern viel mehr Integrationsarbeit als ich geleistet haben. Und es tut mir in der Seele weh, dass viele das von außen nicht sehen und verstehen können. Zwar haben meine Eltern nicht die deutsche Staatsangehörigkeit erworben. Deshalb würde ich sie und würden sie sich selbst offiziell auch nicht als Deutsche bezeichnen. Trotzdem würde ich sagen, dass sie schon längst auf ihre Weise deutsch sind. Denn was sonst sollte »deutsch« meinen?

4 Schule, Theater und der liebe Gott. Neue Perspektiven

Schon als Kind wünschte ich mir, ein Deutscher zu sein und als gleichwertiger Teil der Gesellschaft wahrgenommen zu werden. Ich empfand es als Makel, wenn mir durch Fragen oder Blicke vermittelt wurde, dass ich anders sei. Es war nicht einfach, mich zwischen den Stühlen zurechtzufinden. Da war die lange Zeit ungeklärte Asylsituation, aber eben auch immer wieder die Frage, ob ich nun Türke oder Kurde war, Deutscher oder Ausländer. Oft wusste ich selbst nicht, wohin ich nun eigentlich gehörte. Manchmal wollte ich einfach nicht »der Ausländer« sein und habe es entsprechend genossen, wenn ich mit meinen deutschen Freunden etwas unternehmen konnte, ohne dass meine Herkunft thematisiert wurde. War ich wiederum mit meinen »ausländischen« Freunden zusammen, sahen wir uns selbst als Ausländer an, die irgendwie anders waren als Deutsche. Aufgrund dieser Gemeinsamkeit war da auch ein Gefühl von Zusammengehörigkeit, erst recht, wenn wir auf irgendeine Art mit Rassismus konfrontiert waren. Hatte ich mit türkisch-nationalistisch geprägten Leuten zu tun, war ich der Kurde. In der Schule wiederum war ich der Türke – ich hatte ja auch den türkischen Pass und bin in der Türkei geboren.

Mit mehreren Seelen in der Brust

Als Kind und Jugendlicher hatte ich immer Freunde mit und ohne Migrationshintergrund. Weder den einen noch den anderen erzählte ich etwas von der schwierigen und ungewissen Duldungssituation meiner Familie. Viel lieber unternahm ich schöne Dinge mit ihnen: Baumhäuser bauen, Tischtennis oder Fußball spielen, am Computer abhängen und vieles mehr. Ich war Mitglied im Fußballverein, und zwar schon bei den Bambinis. Als wir 2008 nach Pohlheim umzogen, spielte ich dort von der B-Jugend bis zur ersten Mannschaft. Zweimal die Woche wurde trainiert, und am Wochenende gab es Punktspiele.

In meiner Grundschulzeit verbrachten einige meiner Freunde ihre Ferien in der Türkei am Meer. Nach ihrer Rückkehr wollten sie mir immer von ihrer schönen Zeit dort und den tollen Eindrücken erzählen. Ich hörte gespannt zu, weil ich zu dem Zeitpunkt selbst noch nie in der Türkei Urlaub gemacht und generell noch nie das Meer gesehen hatte. Gleichzeitig fühlte ich mich unwohl, weil ich nichts dazu sagen konnte. Ich war schließlich in Deutschland aufgewachsen und kannte das Land nur aus den Erzählungen meiner Eltern, von Fotos oder aus den Nachrichten. Für mein soziales Umfeld waren wir Türken – auch nach meinem eigenen Selbstverständnis –, doch durften wir nicht in die Türkei reisen, weil wir sonst nicht wieder nach Deutschland hätten zurückkommen dürfen. Ich behielt das aber für mich, weil ich mich dafür schämte. Für meine Klassenkameraden sah es so aus, als würden wir uns mit der Türkei identifizieren, alles über das Land wissen und ohne Probleme in Deutschland leben. Diese Umstände habe ich kaschiert, um mein »Anderssein« nicht noch komplizierter erscheinen zu lassen.

So jung, wie ich war, wusste ich kaum etwas über die Lage der

Kurden in der Türkei und konnte meinem Umfeld nicht gut erklären, dass ich zwar aus der Türkei stammte, aber nicht türkischer, sondern kurdischer Abstammung war und trotzdem zu Hause kein Kurdisch sprach. So war ich für die meisten ein Türke. Wenn ich heute mit geflüchteten Menschen, die Kurdisch sprechen, zu tun habe, wünschte ich, ich beherrschte diese Sprache. Immerhin kann ich ein kurdisches Lied singen und mich dabei auf der Saz, der anatolischen Langhalslaute, begleiten. Noch heute weiß ich nicht genau, wovon das Lied handelt, aber Musik verbindet auch so.

Am Wochenende übernachtete ich manchmal bei einem meiner deutschen Freunde, der dann sonntags mit seinen Eltern in die Kirche ging. Ab und zu begleitete ich ihn dabei. Irgendwann wollte er Messdiener werden und wurde mit anderen in die Abläufe des Gottesdiensts eingewiesen. Bei einer solchen Übungsstunde war ich mit dabei, saß still hinten in einer Bank und daddelte auf dem Gameboy herum. Irgendjemand sprach mich an und fragte, ob ich nicht auch ministrieren wolle ... Das ließ ich dann zwar bleiben, aber auch ohne Ministrant zu werden, kam ich über diesen und andere Freunde im katholisch geprägten Warendorf ganz ungezwungen mit einem religiösen Umfeld in Berührung, das ich von zu Hause her nicht kannte.

Die Kirchenbesuche hinterließen jedenfalls Eindruck – und damit auch der Glaube, dass da etwas Höheres war, das in der Not helfen konnte. Ich weiß noch genau, wie ich mit zehn Jahren meinen ersten eigenen Computer bekam. Wir hatten ihn einer Familie abgekauft, die einige Tage später nach Sri Lanka abgeschoben werden sollte. Die Familie war gerade dabei, die Wohnung zu räumen, als mein Vater und ich ankamen. Hier wurde mir deutlich vor Augen geführt, was eine Abschiebung bedeuten konnte. Leere. Noch bis 2007 lag ich nachts oft lange wach vor lauter Angst, uns könnte dasselbe passieren. Besonders schrecklich fand ich die Vorstellung, nicht mehr zur Schule gehen zu können. Plötzlich fehlten mir sogar meine Lehrer. Manchmal richtete ich mich nachts auf und betete zu meiner vagen Vorstellung von Gott, in der Hoffnung, dass etwas Überirdisches und Mächtiges mich hörte und sich vielleicht sogar von meinen Bitten erweichen ließe. Meine Familie war nie besonders religiös, und ich kannte mich mit Beten nicht aus. Ich habe es von Christen gelernt. In der Kirche hatte ich gesehen, dass die Leute beim Beten ihre Hände ineinander verschränken, also tat ich das auch, wenn ich im Bett vor mich hin sprach.

Ich bat Gott darum, in Deutschland bleiben zu dürfen, weil wir doch hierhergehörten: »Ich kann mir nicht vorstellen, Deutschland zu verlassen. Ich kenne doch nur das hier. Und meine Eltern haben viel durchgemacht, dass wir hier ankommen dürfen.« Ich versuchte, Gott zu erklären, dass ich auf keinen Fall meine Freunde verlieren wollte. Was sollte ich denn ohne sie in der Türkei machen? Es wäre schrecklich, nicht mehr zusammen mit ihnen auf dem Schulhof, dem Bolzplatz oder dem Marktplatz, neben dem wir eine Zeit lang wohnten, spielen zu können. Und auch nicht mehr im Freibad. Ich war doch Warendorfer!

Meistens nannte ich Gott »Allah«. Hin und wieder, wenn ich besonders verzweifelt war, fing ich an, auch Jesus anzusprechen. Ich dachte, Allah könnte das Türkische in mir und die Sorgen meiner Familie verstehen, und Jesus musste sich anhören, warum ich in Deutschland bleiben wollte. Für die zwei Seelen in meiner Brust hatte ich also auch zwei unterschiedliche Ansprechpartner. Jesus erklärte ich, dass ich in der Jugendmannschaft der Warendorfer Sportunion spielen und gerne Menschen helfen würde. Ich fragte Allah, Jesus und alle Heiligen, die mir einfielen, darunter auch Mutter Teresa und Buddha, was ich denn in der Türkei machen sollte, wenn wir abgeschoben würden. Irgendwann führte ich im dunklen Kinderzimmer lautlose Selbstgespräche darüber, wieso jemand eine Welt erschuf, in der Menschen, die sich mögen, getrennt werden. Ich sprach all diese Fragen nicht laut aus, da unter meinem Hochbett mein Bruder schlief. Er sollte nicht mitbekommen, dass ich traurig war und betete. Das Schwierigste war, dass ich mit niemandem über meine Ängste und Sorgen reden konnte, auch nicht mit meinen Eltern.

Einmal träumte ich, dass ich in einem Gerichtssaal war und vor den Richter treten musste, um meine Familie zu verteidigen und zu erklären, warum wir nicht abgeschoben werden dürften. Ich hielt einen langen Monolog darüber, wie gut ich doch zu Deutschland passte. »Versprochen! Ich werde mich integrieren und gut zu den Menschen sein.« Wer weiß, vielleicht bin ich heute ja deshalb engagiert, weil ich mein Versprechen einlösen möchte? Vielleicht mache ich das alles aber auch, weil ich dankbar bin.

Meine Welt und die Welt der anderen

In der Grundschule war ich immer nur eines von zwei oder drei Kindern mit Migrationshintergrund in der Klasse. Am Anfang der Woche haben wir in der Regel Stuhlkreise gemacht. Dort sollten wir von unseren Hobbys, unseren Wochenenden oder vom Urlaub erzählen. Urlaubs- und Familienthemen waren mir allerdings unangenehm. Zum einen konnten meine Eltern sich schlicht keine Ferienreise leisten. Außerdem hätte ich nicht gut erklären können, welchen Berufen sie eigentlich nachgingen oder dass meine Mutter als Analphabetin nach Deutschland gekommen war und als Putzfrau arbeitete. Mir fehlten die richtigen Worte und ich schämte mich in gewisser Weise dafür, dass meine Eltern nicht auf die gleiche Weise Geld verdienten wie die aller anderen aus meiner Klasse. Durch Pausenunterhaltungen und blöde Sprüche bekam ich mit, dass für manche Klassenkameraden Putzen kein ehrenwerter Job war. So etwas wurde sowieso nur von ausländischen Frauen erledigt. Was hätte ich gegen dieses Klischee sagen sollen? Die Reinigungskräfte in der Schule waren ja tatsächlich türkeistämmige Frauen. Außerdem besaß ich noch nicht die Schlagfertigkeit und den nötigen Mut, um zu widersprechen und die Würde der Putzkräfte und erst recht die meiner Mutter zu verteidigen.

Was die anderen Kinder im Stuhlkreis über die Aktivitäten mit ihren Eltern berichteten, vermittelte mir den Eindruck, als hätten sie ein aufregenderes Leben als ich. Sie erzählten davon, wie sie mit der Familie ins Museum, ins Kino oder ins Schwimmbad gingen, wie sie Ausflüge oder Fahrradtouren im schönen Münsterland unternahmen. Das wünschte ich mir auch. Außerdem war ich neidisch, weil ich nicht einen solchen »freundschaftlichen« Umgang mit meinen Eltern hatte. Dass manche aus meiner Klasse ihre Eltern sogar mit Vornamen anredeten, fand ich dann zwar doch zu befremdlich, es machte mir aber auch erst recht deutlich, wie groß die kulturellen Unterschiede zu meiner Familie waren.

Dieser andere Umgang innerhalb der Familien, die vertrautere Kommunikation zwischen Eltern und ihren Kindern und die gemeinsame Freizeitgestaltung waren für mich Inbegriffe für »deutsches Leben«. Weil ich mich auch nach all diesen Dingen sehnte, wünschte ich mir mitunter, in einer deutschen Familie geboren zu sein. Ich nahm mir vor, später, wenn ich eine eigene Familie haben sollte, genauso viel mit ihr zu unternehmen wie die Eltern meiner deutschen Mitschüler. Was ich dabei nicht wusste: Natürlich war nicht jede deutsche Familie so.

Nicht, dass wir nicht auch gern gemeinsame Unternehmungen gemacht hätten. Wenn mein Vater nicht so viel hätte arbeiten müssen, wenn meine Eltern weniger Angst und Stress wegen der drohenden Abschiebung und dafür einen freien Kopf für neue Erfahrungen gehabt hätten, würde ich jetzt bestimmt auch auf viele entspannte familiäre Freizeitaktivitäten zurückblicken. Außerdem ist es ja eine Frage der Sozialisation der Väter und Mütter. Meine Eltern konnten mit mir schon deshalb kein Badminton oder Tischtennis spielen, weil sie beides nicht kannten. Ich dagegen lernte diese Dinge entweder in der Schule oder durch meine Freunde kennen.

Dafür haben meine Eltern andere schöne Dinge mit uns unternommen. Mit meiner Mutter sind wir manchmal an der Ems picknicken gegangen. Einmal im Jahr fuhren wir auch nach Gießen zu unseren Verwandten. Darauf freuten meine Geschwister und ich uns besonders, weil wir unsere Cousins trafen. Diese Art der Community-Pflege war (und ist) durchaus ein türkisches Hobby. Fast jede Woche hatten wir Gäste oder statteten unsererseits türkeistämmigen Menschen einen Besuch ab.

Mein Vater hat mir auf seine Weise ermöglicht, mit meinen Freunden Zeit zu verbringen, Hobbys nachzugehen und so »deutsche Erfahrungen« zu sammeln. Nicht nur fand er es gut, dass ich so viel – und so gut – Fußball im Verein spielte. Wenn ich beispielsweise mit Freunden im Hallenbad war, holte er mich mit dem Fahrrad – damals hatte er noch kein Auto – von dort ab und fuhr mit mir auf dem Gepäckträger die drei Kilometer nach Hause. Auch als ich mit ungefähr sieben Jahren einen Karatekurs belegte, brachte er mich um 18 Uhr hin und holte mich um 19.30 Uhr ab, obwohl seine anschließende Nachtschicht zwischen zwei und drei Uhr morgens begann.

Überhaupt haben meine Eltern großen Anteil daran, dass

ich meine eigene Welt entdecken konnte. Für sie war das bestimmt nicht immer leicht. Hin und wieder gab es deswegen auch heftige Diskussionen zwischen uns, etwa darüber, warum ich mich ständig bei Freunden zu Hause aufhielte und dort übernachten wollte. Ich hätte es damals nicht sagen können und vielleicht auch nicht sagen wollen. Sie hatten offenbar die Sorge, ich könnte unter schlechten Einfluss geraten – wie Eltern so sind. Darüber hinaus wussten sie einfach nicht, was ich genau bei den »Deutschen« machte und lernte. Da waren sicher diffuse Ängste, dass ich unsere eigene Kultur aufgeben könnte. So viele Berührungspunkte zum deutschen Umfeld wie ich hatten meine Eltern bei Weitem nicht, weswegen ich heute für ihre damalige Skepsis und Sorge durchaus Verständnis habe. Irgendwann habe ich versucht, sie zu beruhigen, und ihnen erzählt, die Eltern meiner Freunde seien sehr nett und würden gerne auch mal mit ihnen sprechen. Den Eltern meiner deutschen Freunde habe ich dasselbe, nur umgekehrt, erzählt. Beide Seiten dachten also voneinander, dass die andere Seite sie gerne mal kennenlernen würde. Ein paarmal habe ich so tatsächlich einen persönlichen Kontakt herstellen können. Meine Eltern haben ab und zu eine der deutschen Familien zu uns eingeladen, meine Mutter bereitete leckeres Lahmacun vor, und beim gemeinsamen Essen kam man sich näher. Ich saß oft daneben, übersetzte und war ganz glücklich, weil meine Eltern Vertrauen aufbauten – in mich, aber auch in die »Deutschen«. Immer wenn sie ein Elternteil eines Freundes gesprochen hatten, ließen sie mir danach mehr Freiheit. Also versuchte ich, wo immer sich die Gelegenheit bot, für Begegnungen zu sorgen. Dann ging es auch zwischen mir und meinen Eltern entspannter zu, wenn ich mal wieder in meine »deutsche Welt« eintauchen wollte.

Eine gute Gelegenheit, mit anderen in Kontakt zu kommen,

war natürlich der Fußballverein. Wenn ich trainierte oder am Wochenende ein Spiel hatte, schaute öfter mein Vater zu und kam dabei im Lauf der Zeit immer selbstverständlicher mit den Eltern meiner deutschen Mitspieler ins Gespräch. Irgendwann kannte man sich, trank einen Kaffee zusammen und fachsimpelte über Fußball. Und wenn einmal ein Schulfreund bei mir zu Besuch gewesen war und am Abend von seiner Mutter abgeholt wurde, bat meine Mutter die Frau noch für einen Moment herein, und dann saßen wir im Wohnzimmer, aßen zusammen süßes Gebäck und tranken Çay.

Ohne die Toleranz und Geduld meiner Eltern hätte ich bestimmt nicht im selben Maße meine Identität und meine persönliche Balance aus Altem und Neuem, aus Woher und Wohin finden können. Deshalb bin ich ihnen sehr dankbar dafür, dass sie mir so viele Freiheiten gegeben haben. Bei manchen meiner Freunde mit Migrationshintergrund waren die Eltern strenger – meist wegen fest gefügter konservativer Wertvorstellungen oder aus religiösen Gründen.

Weichenstellung

In der vierten Klasse erhielten wir Empfehlungen, welche weiterführende Schulform für uns jeweils geeignet wäre. Meine Klassenlehrerin sah für mich die Hauptschule vor, was meine Eltern traurig zur Kenntnis nahmen. Sie hätten mich lieber auf der Realschule oder auf dem Gymnasium gesehen, kamen aber nicht auf die Idee oder hielten es nicht für möglich, der Lehrerin zu widersprechen. Heute weiß ich, dass niemand sie in diesen Dingen beraten hat. Keiner erklärte ihnen die Optionen, die mir mit meinen mittelmäßigen bis guten Noten offenstanden. Die reichten nämlich definitiv für eine Realschulempfehlung aus.

Als ich einige Tage später bei einem guten Freund aus der Parallelklasse zu Besuch war, erzählte ich von der Hauptschulempfehlung. Er hatte eine für die Realschule. Wir fanden das doof und erzählten beim Mittagessen seiner Mutter, wir müssten auf zwei verschiedene Schulen gehen. Sie fand das auch nicht gut und fragte mich, was ich später mal machen möchte. Ich wusste nicht recht, was ich antworten sollte, und genierte mich ein wenig. Ich hatte ja keinerlei Ahnung, wohin eine Hauptschule führte oder was für eine Realschule sprach. An das Gymnasium wagte ich erst gar nicht zu denken, denn das schien mir damals nur den schlauen Deutschen vorbehalten zu sein. Fast alle meine Mitspieler aus der Fußballmannschaft gingen dorthin, aber, soweit ich wusste, kein einziges türkeistämmiges Kind und keines mit sichtbarem Migrationshintergrund. Nachdem ich also ein wenig verlegen vor mich hin gestammelt hatte, erzählte die Mutter meines Freundes, dass die Realschule in Kürze einen Tag der offenen Tür veranstaltete. Ich solle doch mitkommen und einfach mal schauen, ob es mir dort gefallen würde. Ich war einverstanden, aber nicht, weil ich unbedingt auf die Realschule wollte. Es war mehr das Gefühl, dass sie wusste, was zu tun war. Ich vertraute ihr. Und außerdem wollte ich mit meinem Freund Zeit verbringen. Also ging ich mit und wechselte am Ende tatsächlich auf diese Schule. Ohne die Mutter meines Kumpels hätten meine Eltern und ich nie ernsthaft diese Möglichkeit erwogen. Wenn man so will, hat diese Frau mir zu einer besseren Bildung verholfen und mir für meinen weiteren Weg ganz neue Perspektiven eröffnet. Und das ist nur eines von vielen Beispielen dafür, wie wichtig freundschaftliche Beziehungen wie die zu meinem »deutschen« Umfeld für den Prozess der Integration sein können.

Ich glaube, ohne meine Freunde und all die Menschen, die mich damals immer wieder eingeladen und mir neue Erfahrungen ermöglicht haben, hätte ich nicht mein starkes Gefühl der Zugehörigkeit entwickelt. Für sich genommen sind diese Freundschaften und Freizeitaktivitäten unspektakulär. Und doch sind gerade sie es, die mich mit Warendorf, Pohlheim, Gießen und Essen verbinden. Sie machen zu einem guten Teil das aus, was Deutschland für mich ist. Für die Mutter meines Freundes war es bestimmt eine Kleinigkeit, mich zum Tag der offenen Tür mitzunehmen. Viele solche Kleinigkeiten ergeben jedoch am Ende etwas Großes. Die Summe dieser alltäglichen Verflechtungen – zum Mittagessen einladen, zum Hausaufgabenmachen treffen oder am Wochenende gemeinsam spielen und Zeit verbringen – haben mir das Gefühl gegeben, dass ich auch »deutsch« bin und dazugehöre.

Wir müssen also nicht die Welt umkrempeln, um Menschen zu integrieren. Es würde oft schon reichen, wenn wir unsere freie Zeit für gemeinsame Unternehmungen nutzten: Tischtennis spielen oder einen Spieleabend organisieren, sich zum Frühstücken oder Brunchen verabreden, zusammen basteln oder gärtnern, eine Grillparty veranstalten und jeder steuert etwas zum Buffet bei, im Wald wandern, ins Theater gehen, ein Konzert besuchen oder gleich selbst Musik machen, sich auf einen Tee treffen und über Gott und die Welt diskutieren. Zusammengenommen eröffnen all diese geteilten Erfahrungen und Erlebnisse Räume der Gemeinsamkeit: Sie schaffen Möglichkeiten, sich mit etwas Positivem, Schönem zu identifizieren und mit anderen in Verbindung zu treten. Sie ermöglichen letztlich das, was wesentlich ist: Zugehörigkeit.

Abstrakte Begriffe wie »Integration« und »Deutschsein« lassen uns zu oft vergessen, dass es im Grunde um das Zusammenleben geht. Wohldurchdachte Integrationsstrategien und gesellschaftspolitische Maßnahmen – schön und gut. Entscheidend sind Menschen, die zur Begegnung bereit sind: Was verbindet uns? Was können wir gemeinsam tun? Welche Sehnsüchte teilen wir? Wofür begeistern wir uns? In diesem Sinne hatte ich persönlich – hatte aber auch meine ganze Familie – das große Glück, unter anderem in meinen Freunden und ihren Familien auf solche Menschen getroffen zu sein. Sie sahen in mir nicht primär den Türkenjungen, sondern das Kind.

Natürlich spielt es eine Rolle, dass beide Seiten diese Begegnung auch wirklich wollen. Ich bin mir sicher, dass ich viele dieser Erfahrungen verpasst hätte, wenn ich trotz Aufgeregtheit oder Schüchternheit nicht auch selbst immer wieder die Initiative ergriffen hätte oder auf meine Freunde und die Angebote ihrer Familien eingegangen wäre. Insofern gehören immer zwei Seiten dazu.

Eine neue Welt: Theater

Als meine Familie Anfang 2008 nach Pohlheim umzog, musste ich mich wie wir alle erst einmal in das neue Umfeld eingewöhnen. Ich war vierzehn Jahre alt. Bis ich neue Freunde kennenlernte, dauerte es naturgemäß eine Weile. Dafür fand ich eher zufällig Zugang zu einer ganz besonderen Welt, die mir nicht nur Gelegenheit bot, ein Talent zu entwickeln und auszuleben, sondern die auch meinen Horizont enorm erweitern sollte und mich bis heute begeistert: die fabelhafte Welt des Theaters.

Ganz aus heiterem Himmel kam diese neue Leidenschaft allerdings nicht. Ich war bereits in Warendorf mit Theaterspielen in Berührung gekommen, etwa als ich mit anderen aus meiner türkischen Gruppe, mit der ich auch Fußball spielte, jenen schon beschriebenen Telefonzellen-Sketch aufführte. Und noch davor, in der Grundschule, hatte ich meine erste Rolle in einem Weihnachtsstück. Ich spielte Balthasar, einen der Heiligen Drei Könige, die nach Bethlehem kommen, um dem in einem Stall geborenen Jesuskind zu huldigen. Jeder sollte in seinem eigenen Kostüm auftreten – in meinem Fall war das die prunkvolle Kleidung, die ich wie alle Jungen der muslimischen Tradition gemäß bei meiner Beschneidungsfeier getragen hatte. Leider weiß ich nicht mehr, wie ich das damals als Kind fand. Woran ich mich jedoch erinnere, sind die vielen überwältigenden Kommentare zu meinem Outfit. »Wow, Ali, du siehst ja aus wie ein richtiger König!«

Was das Vortragen von Texten angeht, so hatte ich auch darin schon früh Übung. In der Schule las ich immer gerne vor, und das offenbar nicht schlecht: Ein Lehrer war einmal so angetan, dass er meinte, ich sollte zum Theater gehen. Im Nachhinein kann ich sagen: Er hat mich in etwas bestärkt, in dem ich gut war.

Ein Jahr nach unserem Umzug fasste ich mir ein Herz und rief im Büro des Kinder- und Jugendtheaters am Gießener Stadttheater an und sagte, dass ich Theater spielen möchte. Ich solle doch einfach mal vorbeikommen, hieß es. Im Büro wurde ich freundlich von einem der Schauspieler, einem Mitglied des Ensembles, begrüßt. Er erzählte, dass er und ein weiterer Schauspieler den Jugendclub, eine Gruppe von Jugendlichen am Theater, betreuten. Sie hätten erst vor Kurzem mit den Proben zu einer neuen Inszenierung angefangen. Ob ich da nicht mitmachen wolle. Schon bald ging ich regelmäßig zu den Proben und schloss schnell Freundschaft mit einigen meiner Mitspieler/-innen. Dass ich gleich auch noch eine der Hauptrollen – den Ratsherrn in der Komödie *Lysistrata* von Aristophanes – spielen durfte, hat mir erst recht Lust auf mehr gemacht. Ich nahm extra Schauspielunterricht und spielte in den folgenden Jahren noch in einigen anderen Stücken mit. Gelegentlich durfte ich auch

Statistenrollen am großen Haus übernehmen, etwa in Franz Lehárs Operette *Die lustige Witwe*. Ein damaliger Klassenkamerad, der mich bei einigen Aufführungen gesehen hatte, fand es toll, wie ich im Theater aufging. Einmal war er bei einer Lesung von Thilo Sarrazin. Im Anschluss sprach er den bekanntlich sehr umstrittenen Autor an und erzählte ihm von mir und meiner Vorliebe für deutsche Hochkultur, sozusagen als Gegenbeispiel zu der Schwarzmalerei, die er in seinem Buch *Deutschland schafft sich ab* betreibt. Sarrazin gab ihm daraufhin ein Autogramm mit der Widmung »für Ali, den Mustermigranten«. Das hätte er wohl gerne. Hiermit lehne ich den Sarrazin-Orden für angepasste Migranten ab. Ich sage nur: Schublade. Ich komme drauf zurück.

Es machte mir riesigen Spaß, immer wieder in neue Rollen zu schlüpfen und mich in andere »Figuren« einzufühlen. Bei uns im Jugendclub wie überhaupt im ganzen Haus begegnete ich Leuten, die oft ganz anders waren als ich. Das erste Mal lernte ich einen Ort kennen, an dem Menschen unterschiedlichster Herkunft und Ethnien harmonisch zusammenarbeiteten und sich nah waren. Alle brachten ihre Eigenheiten und Facetten in den kreativen Prozess mit ein.

Wir waren verschieden, und doch teilten wir die Begeisterung für die Bühne und alles, was damit zusammenhing: Proben, Beleuchtung, Textarbeit, Musik und Gesang, Stimmübungen und schließlich Kostüme. Die intensiven Proben schweißten uns zusammen. Das Tollste aber war, dass ich ganz selbstverständlich dazugehörte und Abstand von all den schweren und nicht immer schönen Momenten im Alltag gewinnen konnte. Für mich war das Theaterspielen ein Sprungbrett in eine andere Welt. Ja, ich habe es genossen, wenigstens für eine Weile von meinem migrantischen Hintergrund »befreit« zu sein. Allein die Tatsache, dass in den Theaterkritiken der Gießener Zeitungen mein Name ohne jeden Hinweis auf diesen Hintergrund erwähnt wurde, fand ich großartig. Durch das Eintauchen in andere Rollenbiografien erfuhr ich auf eine spielerische Art, »jemand anders« sein zu können. Ich konnte meine Identität finden, weil ich mich ausprobieren konnte und von verschiedenen Rollen lernte. Manchmal gefiel mir der ein oder andere Satz meiner Rolle sogar so gut, dass ich ihn in meinen Sprachgebrauch übernahm. Wenn ich heute bei Podiumsdiskussionen auf einen Redebeitrag reagiere, sage ich noch oft zu Beginn »mit Verlaub« – ein Ausdruck, den ich aus einem der Stücke kenne.

Der Wechsel zwischen der Theaterwelt und der realen Welt funktionierte jedoch nicht immer reibungslos. Meine Eltern wussten mit meiner neuen Leidenschaft nicht wirklich etwas anzufangen und meinten, ich könnte meine Zeit sinnvoller nutzen – für die Schule lernen oder im Imbiss helfen. Sie legten mir zwar keine Steine in den Weg, aber es kam durchaus auch zu Konflikten. Die Vorstellungen waren in der Regel am Sonntag, und weil an dem Tag so gut wie keine Busse fuhren, musste mich mein Vater mit dem Auto bringen. Zweimal weigerte er sich jedoch, weil er meine Mutter nicht so lange allein im Döner lassen wollte. Mir blieb nichts anderes übrig, als kurzfristig beim Theater abzusagen. Das war mir wahnsinnig unangenehm, und ich war sauer auf meinen Vater. Obendrein galt ich im künstlerischen Betriebsbüro nun für eine Weile als unzuverlässig und musste meine Rolle abgeben.

Geleitet wurde der Jugendclub in meinem ersten Jahr von den Schauspielern und Regisseuren Dominik Breuer und Gunnar Seidel, denen ich viel zu verdanken habe. Sie vermittelten uns, wie wir mit dem Text und mit den Möglichkeiten der Bühne umgehen konnten, und förderten vor allem auch unsere Spielfreude und Kreativität. Wir sollten uns trauen, ausprobieren, keine Angst vor Fehlern haben. Für mich war das Theater vor allem auch Sprachtraining. Heute kritisiere ich den Satz »Du sprichst gut Deutsch«, früher hatte ich damit keine Probleme und freute mich sogar, wenn jemand mir dieses Kompliment machte. Schließlich hatte ich mir das vor allem in meiner Zeit am Theater hart erarbeitet, etwa indem ich mir eigens Sprechübungen aus dem Internet herunterlud. Wie ich öfter beobachten konnte, bereiteten sich einige Schauspieler/-innen mit ähnlichen Übungen auf ihren Auftritt vor. Ich wollte auch im »echten« Leben akzentfrei sprechen, so wie ich den Deutschlehrern zeigen wollte, dass ich sogar Stücke von Max Frisch und Heinrich von Kleist kannte. Das Theater gab mir meinen »Integrationsschub«.

Irgendwann verließen Dominik und Gunnar wegen Engagements in anderen Städten das Haus, und für einige Jahre hatten wir keinen Kontakt. Doch nachdem Dominik 2017 von meiner »Hotline für besorgte Bürger« gelesen hatte, schrieb er mich auf Facebook an und fragte, ob ich mal wieder Lust hätte zu spielen. Er erarbeitete gerade mit dem Brachland-Ensemble, einer freien Gruppe professioneller Kulturschaffender aus den Bereichen Schauspiel, Performance, Tanz und Film, ein Stück namens *Revolution: Alles wird gut!*. In dessen Zentrum steht, kurz gesagt, die Frage: Wie kann man die Welt verbessern? Meine Rolle bestand im Grunde darin, mich selbst zu spielen. Ich erzählte im Stück zunächst von meiner Hotline für besorgte Bürger. Dann verließ ich die Bühne, ging in die Innenstadt und machte eine Live-Schalte auf die Bühne: So nahm das Publikum daran teil, wie ich Passanten zu der Frage interviewte, was man können muss, um die Welt zu verbessern. Im Rahmen der Recherche für das Stück reiste ich Mitte 2017 zusammen mit einer anderen Schauspielerin sogar nach Israel, wo wir uns unter anderem mit Leuten aus dem Projekt »Parents Circle – Families Forum« trafen.

Darin haben sich mehr als 600 israelische und palästinensische Familien zusammengeschlossen, die durch die Gewalt zwischen ihren Völkern ein Kind oder einen anderen nahen Familienangehörigen verloren haben. Gemeinsam setzen sie sich für Versöhnung, Gewaltlosigkeit und Dialog ein. Mich haben diese Begegnungen nachhaltig beeindruckt. Von Herbst 2017 bis Mitte 2018 gingen wir mit dem Stück auf Tournee und traten in Aachen, Nürnberg, Kassel, Köln und weiteren Städten auf. Für mich war es eine unglaublich bereichernde Erfahrung, gemeinsam mit so tollen Menschen etwas zu tun, das aufklärerische, gesellschaftliche Relevanz hatte.

Von einigen Fähigkeiten, die ich durch meine Theatererfahrungen geschult habe, profitiere ich heute sehr. Dazu gehört etwa der sogenannte periphere Blick oder »Rundumblick«. Auf der Bühne muss man stets aufmerksam sein und genau wahrnehmen, was rund um einen geschieht, wer was gerade macht und so weiter. Es liegt auf der Hand, dass diese Form der Achtsamkeit auch im realen Leben von Nutzen ist, gerade wenn es um ein Miteinander geht. Eine andere Fähigkeit, die mir bis heute hilft, ist das Improvisieren. Ich mag es, den Verlauf von Konflikten und Situationen zu erfinden, Dialoge und Gefühle zu analysieren und dabei spontan zu reagieren. Beim Improvisieren stellt man aus dem Nichts heraus etwas dar und muss unmittelbar auf eigene Erfahrungen und eigenes Wissen zurückgreifen. Dabei lernt man auch sich selbst besser kennen. Man wird selbstbewusster und findet Wege, Gedanken in Worte, Handlung und Bilder zu transformieren. Wer gut improvisieren kann, ist schlagfertig und ist kreativ, wenn es darum geht, Lösungen zu suchen – und vor allem nimmt er grundsätzlich immer die »Angebote« seiner Mitspieler an.

Das und alles andere, was ich beim Schauspielern lernte,

sollte mir auch in der Schule zugutekommen: Als einer der ersten Abiturienten in Hessen konnte ich mich im Fach Darstellendes Spiel – also Theater – prüfen lassen. Ein Teil der Prüfung bestand darin, eine Szene aus Franz Kafkas Erzählung *Die Verwandlung* zu inszenieren: Gregor Samsas Verwandlung in einen Käfer. Dabei verwendete ich »Verfremdungseffekte«, also Stilmittel und Effekte, wie sie auch Bertolt Brecht propagiert hatte. Mit diesen Mitteln wollte er die Zuschauer zur kritischen Reflexion des Bühnengeschehens bewegen. Zum ersten Mal setzte ich mich so bewusst damit auseinander, wie man mit theatralischen Mitteln politische Themen transportiert. Ich kann sagen: Ohne die Schule des Theaters wäre ich nicht da, wo ich jetzt bin. Denn wie ich im folgenden Kapitel noch näher beschreiben werde, spielt gerade auch das Improvisieren, das spontane Sich-Einlassen auf etwas Neues, Unbekanntes, eine zentrale Rolle bei meinem Sozialaktivismus.

5 Wie ich zum Deutschen wurde. Und zu noch viel mehr

Seit Jahren flammt hierzulande immer mal wieder die Diskussion über die Frage auf, was denn nun »deutsch« sei und was nicht. Häufig ist dann zum Beispiel von einer angeblichen »Leitkultur« die Rede. Für uns MeTwoler ist die oft sehr einseitige, aufgeheizte Art der Diskussion eine Zumutung, stellt sie doch unser ureigenes Selbstverständnis und unsere Identität als »deutsch und etwas anderes« massiv infrage. Dabei ist dieses Selbstverständnis seinerseits nicht selbstverständlich, sondern das Ergebnis eines Prozesses, der nicht immer einfach ist. In meiner Jugend habe ich damit ordentlich zu kämpfen gehabt. Es ging dabei stets um den Wunsch nach Zugehörigkeit, aber auch um Loslösung und Abgrenzung, um Zerrissenheit und Konflikte, um Selbstbehauptung. Es war eine Zumutung für alle Beteiligten. Und es tat manchmal sehr weh.

Schubladenkacke

Ich war sechzehn und mit einigen Mitschülern in einem Club verabredet. Sie waren vermutlich schon drinnen, während ich noch alleine in der Schlange auf den Einlass wartete. Als ich endlich an der Reihe war, musterte einer der Türsteher ungewöhnlich lange meinen türkischen Personalausweis und wies mich schließlich mit einem Kopfschütteln ab. Ich war baff und wollte wissen, warum er mich nicht reinließ. »Zu voll«, antwortete er bloß und schob mich vom Eingang weg, um sich den nächsten Gästen zu widmen. Die Mädchen und Jungen nach mir ließ er rein. Ich war der Einzige, der abgewiesen wurde!

Vollkommen perplex stand ich auf einmal mutterseelenallein da. Ich merkte, wie manche Jugendliche aus der Schlange sich umdrehten und tuschelten. Am liebsten wäre ich im Erdboden versunken. Doch ich versuchte, mir meine Verletztheit nicht anmerken zu lassen. Fast hätte ich den Türsteher noch einmal angesprochen, ließ es dann aber doch bleiben, aus Angst, er könnte mich wieder bloßstellen oder sogar aggressiv werden. Mein Herz raste. Ich schwitzte und fühlte mich sehr unwohl in meiner Haut. Ich entfernte mich von der Menge und ging ein paar Schritte um das Gebäude herum auf einen verlassenen Parkplatz. So etwas wie eben war mir noch nie passiert! Statt mich zu beruhigen, verfluchte ich alle, die eben vor der Disco gestanden und einfach nur geschwiegen hatten, als ich abgewiesen wurde. Dabei hatte der Typ offensichtlich gelogen – der Club war ja gar nicht voll!

Irgendwann wollte ich nur noch nach Hause, aber da der Nachtbus noch nicht fuhr, gab ich das Geld, das ich für Getränke mitgenommen hatte, für ein Taxi aus. Als ich einstieg, begrüßte mich der Fahrer in einem indisch klingenden Akzent: »Guten Abend. Haben Sie Minicar bestellt?« Ich erwiderte nichts, weil ich sauer war. Daraufhin fragte er: »Wohin wollen Sie?«, und ich antwortete kurz angebunden: »Pohlheim Watzenborn-Steinberg.« In meinem Frust darüber, dass man mich wie einen pöbelnden oder unliebsamen Gast behandelt hatte, übertrug ich meine Aggressionen auf den armen Fahrer. Nachdem er mich vor dem Mehrfamilienhaus, in dem wir damals wohnten, abgesetzt hatte, blieb ich noch eine ganze Weile draußen stehen. Meine Gedanken kreisten wild.

Zum Glück schliefen meine Eltern schon, denn normalerweise schauten sie jeden Tag bis in die späten Abendstunden türkische Serien an, und bestimmt hätten sie mich gefragt, warum ich schon wieder da sei. Zurück in meinem Zimmer, war mir gar nicht nach Schlafen zumute. Ich musste immer noch an die Situation denken. Was mochte dem Türsteher beim Anblick meines Ausweises durch den Kopf gegangen sein? Dass er mich danach so unfreundlich zurückgewiesen hatte, fühlte sich immer noch ganz mies an. Wie eine geballte Faust der Ablehnung. In mir brodelte es. So spät am Abend wollte ich niemandem von dem Vorfall erzählen. Schon gar nicht hätte ich die Freunde angerufen, mit denen ich mich im Club hatte treffen wollen. Dazu schämte ich mich einfach zu sehr. Außerdem wollte ich kein Spielverderber sein. Wohin mit meinem Gefühlschaos?

Schließlich setzte ich mich an meinen Schreibtisch und schaltete den Computer an, um mich mit YouTube und sozialen Medien abzulenken. Doch irgendwie funktionierte das nicht. Also machte ich leise Musik an und öffnete ein leeres Textdokument, starrte erst eine Weile auf den Bildschirm und begann dann zu tippen, was mir gerade in den Sinn kam. Das hatte ich auch früher schon ab und zu gemacht, wenn mich Erlebnisse und Probleme beschäftigten. Es gibt etliche Dokumente, die ich in meiner Kindheit zu irgendwelchen Problemen erstellt habe. Als ich etwa zwölf Jahre alt war, hörten meine Freunde und ich gern Rapmusik. Die Rapper fanden wir cool, sie inspirierten uns. Wie wir kamen sie aus bildungsfernen, armen Familien. Wie wir hatten sie einen Migrations- oder sogar Fluchthintergrund. Und so fingen wir an, ebenfalls Texte über Liebeskummer, soziale Probleme, fehlende Anerkennung und Zukunftschancen zu verfassen. Das alles war nicht besonders tiefgründig, aber schon damals hat es gutgetan, sich einfach Dinge von der Seele zu schreiben.

Jetzt ging es um Ausgrenzung. Der Club war definitiv nicht voll gewesen, das war bloß eine scheinheilige Begründung für etwas anderes, für das ich Worte finden wollte. Also tippte ich drauflos: »Blöde Türsteher«, »Nur weil ich schwarze Haare habe und aus der Türkei komme« und »Deutsche unter sich«.

Mir fiel ein, dass meine Cousins mal erzählt hatten, wie schwer es für sie sei, in einer Gruppe von »Schwarzköpfen« in einen Club reinzukommen oder überhaupt entspannt auszugehen. Da gebe es einfach zu viele Vorurteile. Sie waren schon öfter abgewiesen worden, was an ihrem »türkischen« oder »südländischen« Aussehen gelegen haben musste. Auch mein älterer Cousin Mehmet hatte mir mal von einem solchen Erlebnis erzählt, um mich auf die mehr oder minder schwierige Zeit als Jugendlicher vorzubereiten. »Wie oft sind dein Onkel Kiraz und ich feiern gegangen und wurden nicht reingelassen. Für die sind wir immer Kanaken, egal, wie gut wir uns benehmen.« Auch wenn ich als Kind nicht viel damit anfangen konnte – diese Sätze hatten sich bei mir eingebrannt.

Ich tippte weiter: »Türken«, »Feinde« und »Für immer Kanake«. Wenn sich die türkeistämmigen Mitschülerinnen und Mitschüler an meiner Schule untereinander »Kanaken« nannten, war das eher positiv konnotiert und eine Bezeichnung für einen bestimmten Lifestyle, den vor allem Jugendliche mit türkischem oder arabischem Migrationshintergrund pflegten. Eine gruppeninterne, identitätsstärkende Selbstbezeichnung sozusagen. Schülerinnen und Schüler ohne Migrationshintergrund benutzten den Ausdruck dagegen eher abwertend, auch um sich von den »Migrantenmitschülern« zu distanzieren. Für sie bedeutete er so etwas wie »nicht angepasster, asozialer Nicht-Deutscher«. Ich selbst hatte mich nie gerne als Kanake bezeichnet oder schon gar nicht als solcher beleidigen lassen wollen. Nun aber, nach dem Erlebnis vor der Disco, kam ich mir genau wie ein solcher Kanake vor. Ich stellte mir vor, dass der Türsteher schlecht von mir gedacht haben musste, als er mein Gesicht und meinen Ausweis gesehen hatte. Der erste Vers war geboren:

Ich bin Kanake,
und das ist Kacke.

Man hatte mich in eine Schublade gesteckt, und ich war dagegen machtlos gewesen. Was könnte auf die beiden ersten Zeilen folgen? Soweit ich mich erinnern kann, googelte ich verschiedene Kombinationen aus Stichworten wie »Club«, »Rassismus«, »Disco«, »Türsteher«, »Einlass«, »Türke«, »Schwarz« und »nicht reingekommen«. Übrigens kann jeder oder jede das mal selbst ausprobieren und diese Wörter in eine Suchmaschine eingeben. Man wird auf eindrückliche Videos, Artikel und Reportagen über Rassismus an der Clubtür stoßen. Leider fand ich keine einschlägigen Gedichte, aber das Ergebnis war dennoch eindeutig: Zahlreiche Besucher – meist Männer mit einer dunklen Haut- oder Haarfarbe – beklagten, dass Türsteher sie aufgrund ihres ausländischen Ausweises oder »nicht-deutschen Aussehens« nicht reingelassen hätten. In diversen Foren, Blogs und Artikeln las ich von Ausreden, wie sie »mein« Türsteher verwendet hatte: »Heute nicht«, »zu voll« oder sogar einmal: »Ihr macht zu viele Probleme. Seid mal anständig, dann klappt das auch mit dem Besuch.« Menschen wie ich wurden ganz klar einer Kategorie von Störenfrieden zugeordnet, die ungefähr wie wir aussahen oder dem Ausweis nach einen Migrationshintergrund hatten. Kollektivstrafen kannte ich sonst nur aus der Schule, wenn sich Einzelne mal danebenbenommen hatten und überforderte Lehrkräfte dann kurzerhand die ganze Klasse bestraften.

Was auch immer diejenigen, die mich wegen meiner Herkunft oder meines Aussehens diskriminierten, über mich, den vermeintlichen »Kanaken«, denken mochten – ich wollte mich noch nie in eine Schublade stecken lassen, egal ob darauf nun »Deutscher«, »Migrant«, »Türke« oder sonst was stand. Und so kamen zu dem anfänglichen Reim weitere Verse hinzu. Am Ende gab ich meinem Gedicht den Titel »Schubladenkacke«:

Ich bin
Kanake,
das ist
Kacke.

Auf dem Marktplatz
bin ich ratzfatz
in einer Schublade,
schade.
Marmelade,
nein eher wie
Schokolade
sitze ich alleine zu Hause und denke nach.

Der Türsteher will nicht nachfragen,
sondern direkt schon sagen:
Ich käme wegen Stress.
Kurzer Prozess!
Weil Protz und dicke Karre – Angeber.
Nicht blond, kein Fleiß, kein Streber.
Ernähre mich von Baklava, Döner und Fritten.
Wegen viel Testosteron unten beschnitten.
Der Sprache nicht mächtig, aber großes Maul.

Hauptschulabschluss und sehr faul.
Mein Bart sollte nicht lang sein, sonst haben alle Schiss!
Während viele Hipster wären, ist Ali Salafist.
Ein Türken-nicht-integrierbar-Sohn,
9 Kinder und Hartz-4-Lohn!
Kein Birkenstock, nicht mal Stil
und außer »Haben Sie Taxi bestellt?« debil!

Zu der Zeit spielte ich ja begeistert am Gießener Theater und hatte dadurch einige Berührungspunkte mit der ehrwürdigen deutschen Hochkultur – einschließlich Texten und Stücken von Goethe und Schiller. Daher konnte ich mir in den folgenden Versen etwas Pathos nicht verkneifen. Die romantischen Bilder und Klischees über das Deutschsein, die ich teilweise ironisch meinte, halfen dabei, der Situation etwas von ihrer Schwere zu nehmen. Eine Art kitschige Rebellion gegen Schubladendenken.

Wie wenn Schmetterlinge Sehnsucht haben
nach farbenfrohen Blumen,
schwirre ich umher,
um das Deutschsein zu suchen!
… Was eine lange Odyssee.
Pause mit türkischem Tee.

Da erblicke ich eine wunderschöne deutsche Frau,
Kugelmenschen küssen sich im Morgentau.
Unter einer Eiche
– ich der Arme, du die Reiche –
heiraten wir.
Mein Name ist wie deiner
auf dem Papier.

Nur eine deutsche Frau
hat die Deutsch-machen-Macht!
Nur durch sie
habe ich es vollbracht.
Wie beim Frosch und der Prinzessin.

Irgendwann stürmt es und gewittert.
Der Baum der Liebe zittert.
Für Irrungen und Wirrungen
brauchen wir neue Deutungen!
Diese Welt ist nicht für uns gemacht.
Wann akzeptiert uns
die Gesellschaft?

Mittlerweile war es gegen drei Uhr morgens, und ich hatte mich
ein wenig beruhigt. Trotzdem wurde der Ton im Folgenden wieder bissiger. Auf die Frage, unter welchen Voraussetzungen mich
die Türsteher denn reinlassen würden, fielen mir nur Klischees
ein. Wie wäre ich, wenn ich endlich – zumindest aus der Sicht des
Türstehers – ein Deutscher geworden wäre? Ich hatte kapiert –
und mich integriert!

Seitdem rede ich langsam und deutlich.
Bin fleißig und sachlich.
Fahre nicht mehr schwarz, obwohl ...
Bin pünktlich.
Mache keinen Aufstand.
Der Willy Brandt
hängt an meiner Wand
Rufe zur WM:
SCHLAND!

Trenne Müll und vermeide Plastik.
Sage Adipositas statt dick.
Begrüße nicht mehr mit »Hey, was geht?«
Sage »Grüß Gott, ich bin der Alifred«.
Trinke fairtrade, Naturland, veganen, geschlechterlosen Biosaft.
Arbeite mit Papieren, Finanzamt kriegt Rechenschaft.
Nehme mir Elternzeit und stehe am Herd
Gebe Ordnung einen großen Wert.
Kartoffelpuffer kommt auf den Teller.
Lese Mein Kampf, einen Bestseller.

Es tat gut, mir die Klischees von der Seele zu schreiben. Es war so, als malte ich die blöden Vorurteile, denen Deutsche mit und ohne Migrationshintergrund ausgesetzt waren, an die Wand, um innerlich besser Abstand nehmen zu können. Ich wollte die rassistische Ablehnung an der Discotür in eine poetische Verdammung der Schubladen umwandeln! Und so drückte ich schließlich meine Sehnsucht nach einer Welt ohne Vorurteile aus.

Da sitze ich immer noch, denke nach
und schreibe bis zum Morgengrauen.
Mal vom Mond auf die Erde schauen:
Unterschiedliche Farben,
Lichter und Kriegsnarben.
Aber vergeblich suche ich
nach Grenzen und Schubladen.

Deshalb bin ich so gerne bei dir.
Du liebst mich,
wie ich bin.
Bei dir machen nur

Gemeinsamkeiten
Sinn.

Eines Tages,
da laufen wir
Hand in Hand,
rebellisch und frei,
Und zeigen es den Leuten,
die nur unter Ihresgleichen
heiraten,
hetzen
und Trennung
schaffen.

Die Sprache der Liebe
braucht mehr Liebe als Sprache.

Wir beweisen, dass es keine Grenzen gibt –
unsere Gesellschaft
tanzt zur Musik!

Diesseits von Akzeptanz
von Liebe und Toleranz –
dort treffen wir
uns zum Tanz!

Aus heutiger Sicht wirkt »Schubladenkacke« hier und da pathe-
tisch. Ich selbst muss über die eine oder andere Stelle schmun-
zeln. Man merkt an den Formulierungen und dem Verlauf des
Gedichts, wie ich anfangs noch aufgebracht und gekränkt war,
mich dann aber zunehmend beruhigte und wie die Sehnsucht

nach einem friedlichen Miteinander die Oberhand gewann. Es war das erste Mal, dass ich ausdrücklich über Rassismus schrieb, über den Wunsch nach Zugehörigkeit und darüber, was die Leute unter Integration verstehen. Das Gedicht davor hatte noch von Liebeskummer erzählt. Jetzt dagegen wollte ich meinen tiefen Wunsch ausdrücken, einfach deutsch zu sein und genau wie meine Freunde und Mitschüler als Deutscher behandelt zu werden.

Die imaginäre deutsche Freundin, die ich unter der Eiche heirate, steht für eine Verbindung jenseits von Grenzen und Kategorien. Sie kennt keine Vorurteile. Nationalitäten spielen keine Rolle. Sie liebt mich, so wie ich bin. Die Teile über die Liebe sind auch ein Plädoyer für Akzeptanz und die Suche nach Gemeinsamkeiten. Auch wenn der Gedichttitel »Schubladenkacke« eher meinem Gefühl an jenem Abend entspricht, so habe ich in die Zeilen doch jede Menge Hoffnung reingesteckt. Raus aus den Schubladen, rein in eine Zukunft ohne Rassismus. Klingt naiv? Mag sein, aber was wären wir ohne Träume?

Interkulturelle beziehungsweise binationale Pärchen waren für mich eine Zeit lang der Inbegriff der Überwindung kultureller Grenzen. Auch deshalb war ich von der damaligen festen Freundin (ohne Migrationshintergrund) meines Onkels beeindruckt, der doch in meinem kindlichen Denkmodell eine »ganz andere« Kultur hatte als sie. Meine Faszination für eine solche Beziehungskonstellation rührte vielleicht auch daher, dass ich früher viele Filme angeschaut habe, darunter diverse Bollywood-Streifen. Filme wie *Veer und Zaara*, wo der indische Mann und die pakistanische Frau aufgrund unterschiedlicher Traditionen und politischer Schwierigkeiten zwischen den beiden Ländern lange nicht zusammen sein konnten, haben mich sehr geprägt.

Im Nachhinein bin ich sehr froh, dass ich an jenem Abend

meine Gefühle und Gedanken durch das Gedicht kanalisiert habe. Es ist ein Zeugnis für den Umgang mit Rassismus. Das Schreiben ging wie von selbst und half mir, mich abzuregen und die Situation zu verarbeiten. Es war wie ein Dialog, der nur in meinem Kopf stattfand – eine gedankliche Auseinandersetzung mit den Menschen, die ein veraltetes Bild vom Deutschsein hatten und jemanden wie mich als »anders« respektive »ungeeignet« beurteilten. Um unser Schubladendenken zu überwinden, müssen wir uns erst einmal unsere Stereotype und Vorurteile bewusst vor Augen halten.

An jenem Abend hätte ich gern mit meinen Freunden in der Disco gefeiert und Spaß gehabt, doch es wurde mir verwehrt. Dabei steht doch gerade das Tanzen für das, was uns alle verbindet: Die Menschen auf der Tanzfläche mögen unterschiedlich aussehen und sich unterschiedlich bewegen, aber sie alle spüren die Schwingungen der Musik, die erhabenen Momente, wenn der Bass wummert und die Herzen zum Hüpfen bringt. Wer braucht da schon Sprachen? Wohl nicht umsonst erwähne ich Musik und Tanz ganz am Ende des Gedichts als Orte, an denen wir *wir* sein dürfen, wo wir uns verstehen, weil wir alle im Medium aufgehen können. Liebe, Musik und Tanz sind kraftvoller als alle Vorurteile.

So schön Tanzen, Singen und gemeinschaftliche Unternehmungen sind – Rassismus ist ein zu ernstes Problem, um ihn einfach wegzutanzen. Wer schon einmal Diskriminierung erfahren hat, weiß: Es zieht einem buchstäblich den Boden unter den Füßen weg, weil man als Mensch mit Eigenschaften, für die man nichts kann, abgelehnt wird. Es wird einem im Grunde die Existenzberechtigung abgesprochen. Das Selbstbewusstsein wird massiv infrage gestellt, man sucht nach Erklärungen, nach Halt und Orientierung. Diverse Untersuchungen zeigen, dass Erfahrungen von Rassismus Auswirkungen auf die Gesundheit haben können.[53]

In solchen Momenten kann es sehr helfen, sich das Gefühlschaos von der Seele zu schreiben. Wenn ich heute im Rahmen von Anti-Rassismus-Trainings und Workshops zur interkulturellen Sensibilisierung mit Schülerinnen und Schülern über Vorurteile und Diskriminierung spreche, rate ich ihnen deshalb, das Erlebnis aufzuschreiben, solange die Erinnerung noch frisch ist: Was genau ist passiert? Wie habe ich es selbst wahrgenommen? Was habe ich in dem Moment gefühlt? Wie wurde kommuniziert? Was habe ich hinterher gedacht? Die Kinder und Jugendlichen sollen aber auch versuchen, noch einmal aus der Perspektive jedes einzelnen Beteiligten auf die Situation zu blicken. Das Schreiben kann helfen, das Erlebte zu einem späteren Zeitpunkt, an dem wieder mehr Klarheit im Kopf herrscht, besser einzuordnen. Letztlich geht es darum, dass der Frust einen nicht auf Dauer lähmt. Man muss nach einer Ausgrenzung begreifen, dass der Fehler nicht bei einem selbst liegt und dass man sich nicht schlecht fühlen muss, denn man hat (meistens) nichts Schlechtes getan. Mir selbst vermittelt das Schreiben ein gewisses Gefühl der Kontrolle über das Geschehen. Indem ich mir die Zusammenhänge bewusst mache, kann ich beim nächsten Mal mit größerem Selbstvertrauen reagieren. Was würde ich tun, wenn mir das, was ich vor dem Club erlebt hatte, erneut passierte?

Ich bin auch später als junger Erwachsener einige Male nicht in Clubs reingelassen worden. Aber ich hatte nun mehr Mut und konnte die Türsteher wortgewandter konfrontieren. »Ich tanze ganz gut. Lehnen Sie mich gerade wegen meiner Herkunft ab?« Oder: »Ich hätte für Stimmung gesorgt – warum darf ich nicht rein?« Genutzt hat das zwar nie etwas, aber ich glaube, dass ich den einen oder anderen wenigstens zum Nachdenken gebracht habe – und wenn nicht, so habe ich mittlerweile mehr Selbstbewusstsein. Und das ist das Wichtigste.

Wie das Leben so spielt: Eines Nachmittags kreuzte der Türsteher, der mich damals nicht reingelassen hatte, im Imbiss meiner Eltern auf und bestellte einen Döner. Ich war gerade hinter der Theke und schnitt das gegrillte Fleisch ab. Er kam mir sofort bekannt vor, und auch er erkannte mich ziemlich sicher wieder, kaschierte das aber. Während ich den Döner zubereitete – ich tat etwas weniger Eisbergsalat als sonst hinein, als kleine Rache –, überlegte ich, wie ich den Mann auf den Vorfall neulich ansprechen könnte. Da bemerkte ich den Sportwagen vor der Tür. Ich hätte das Auto vor dem Club gesehen, sagte ich dann zu ihm, ob er dort nicht als Türsteher arbeite. Er bejahte und fragte nach einer Weile zurück, ob ich da letztens gefeiert hätte. Das war mein Moment: Ich erzählte, wie sehr es mich ärgerte, dass sie jemanden, der so aussah wie ich, nicht reingelassen hatten. Daraufhin verriet er mir, sein Chef wolle nicht so viele südländisch aussehende Menschen in seinem Laden haben. Die machten zu viel Stress und würden sich prinzipiell schlecht benehmen. »Nicht alle natürlich, aber wenn wir viele von ihnen reinlassen, dann ist der Stress vorprogrammiert. Der Chef will, dass wir aussortieren«, fügte er hinzu.

»Ihr könnt doch nichts von meiner Stirn ablesen. Ich hätte mich in eurem Schuppen schon an die Regeln gehalten. Für unangenehme Gäste kannst du nichts, aber für den ungerechten Umgang mit Gästen wie mir schon!«, traute ich mich ihm zu sagen, während ich parallel Pommes in der Fritteuse zubereitete. Als Mitarbeiter beziehungsweise sozusagen Inhaber des Ladens fühlte ich mich interessanterweise mal in einer Position, in der ich Tacheles reden konnte.

Was die Kategorie »südländisches Aussehen« eigentlich solle, fragte ich ihn. »Ich bin doch hier aufgewachsen und fühle mich deutsch. Wenn Blonde sich danebenbenehmen, gibt es keine solchen Kollektivstrafen für andere Blonde. Wie kriegen wir dieses Schubladendenken gegenüber türkisch- und arabischstämmigen und schwarzen Gästen weg?«

»Andere Clubs machen das auch so«, meinte der Mann daraufhin. »Das ist nichts Neues. So ist die Welt nun mal. ›Südländer‹ haben halt ein blödes Image im Nachtleben, das kommt nicht von ungefähr. Fast alle Discos, die ich kenne, lassen maximal 15 bis 20 Prozent Ausländer rein.« Ich machte tellergroße Augen! »Ja, ist wirklich so. Die Quote ist manchmal höher, manchmal niedriger, je nachdem, was für eine Party stattfindet und welche Leute man haben möchte.« Jedoch verstehe er mich, fügte er hinzu, er habe selbst einen Migrationshintergrund. So eine Diskriminierung könne man nicht so schnell ändern. Anschließend stand er auf, bedankte sich für den leckeren Döner, warf 50 Cent in die Trinkgeldbox und fuhr mit seinem teuren Sportwagen davon. Türsteher allein konnte ich also nicht die ganze Verantwortung für eine rassistische Türpolitik geben. Er ließ mich nachdenklich zurück.

Seit dieser Unterhaltung hat mich der rassistische Ausschluss aus der Disco immer wieder beschäftigt. »Schubladenkacke« habe ich mit achtzehn Jahren bei meinem ersten Poetry Slam in Gießen und später noch bei etlichen öffentlichen Veranstaltungen vorgetragen. Zu diesem Zweck habe ich das Gedicht etwas überarbeitet, der Großteil entspricht aber immer noch dem Original. Während die anderen Vortragenden bei den Poetry Slams im Allgemeinen mehr oder weniger lustige Themen behandelten, war ich oft der Einzige, der über Rassismuserfahrungen sprach. Ich wollte das Unrecht nicht für mich behalten, sondern in eine auch für andere sichtbare Form gießen.

Dieses Gedicht und weitere, die folgten, waren in gewisser Weise mein erstes Engagement für eine rassismusfreie Gesellschaft. Ich habe es nie bis ins Finale eines Poetry Slams geschafft. Das lag vermutlich nicht allein an meiner literarischen Unbeholfenheit, sondern auch daran, dass ich als Betroffener die Schwere der Thematik deutlich werden ließ. Aber das Gewinnen eines Poetry Slams war für mich zweitrangig. Mir ging es ums Verstehen und Verstanden-Werden. Bei Poetry Slams herrscht unter den Teilnehmenden und dem Publikum oft eine kollegiale und offene Atmosphäre. Und so kamen manchmal nach meinem Auftritt Besucherinnen und Besucher auf mich zu und unterhielten sich mit mir noch eine Weile über Diskriminierung und Interkulturalität. Auch nicht schlecht.

Um nicht ständig an der Tür ausgegrenzt zu werden, überlegte ich mir im Laufe der Jahre einige Tricks. Ich ging möglichst selten in einer großen Ansammlung von »südländisch aussehenden« Männern rein – und wenn, sprachen wir uns ab und teilten uns in möglichst kleine Gruppen auf. Optimalerweise schloss ich mich jedoch einer Gruppe von tendenziell »deutsch aussehenden« Menschen an, da konnte ich mich – aus der Perspektive der Türsteher – als besonders brav und integriert zeigen. Was auch gut ankam, war eine weibliche Begleitung. War ich allein unterwegs, erzählte ich Besucherinnen in der Schlange von meiner schlechten Einlassquote und fragte sie, ob ich mich vorn neben sie stellen dürfte, so als würden wir zusammen ausgehen. Bisher hatten fast alle Verständnis und spielten mit. Drinnen gab ich zum Dank einen aus. Ich dachte sogar mal daran, eine Brille aufzusetzen, und zog prinzipiell öfter Karohemden an – alles, um ein wenig Unordnung in den Schubladen der Türsteher zu schaffen. Außerdem hielt ich gerne schon meinen Studentenausweis in der Hand. Was für ein Theater!

»Liebe Familie, was ist deutsch an mir?«

Bereits in meiner Kindheit und Jugend habe ich mich nach und nach von den Traditionen und Denkweisen meiner türkischen Herkunft entfernt – fast ohne es zu merken. Meine Familie und Bekannte mit Migrationshintergrund haben es aber sehr wohl registriert und mir immer wieder zu verstehen gegeben, dass ich in vielerlei Hinsicht sehr deutsch sei, auf jeden Fall deutscher als sie selbst. Auch weit entfernte Verwandte entdecken Verhaltensweisen und Ansichten an mir, die sie sonst in die Kategorie »typisch deutsch« einordnen würden. Sie alle waren und sind noch immer der Meinung, dass ich mich sehr angepasst habe. In diesem Buch übers Deutschsein dürfen ihre Wahrnehmungen deshalb nicht fehlen, schon allein weil mir durch ihre Bemerkungen einiges klar geworden ist: zum Beispiel, was hier lebende Migranten, die sich selbst nicht als Deutsche betrachten, unter »deutsch« beziehungsweise unter »deutschen« Werten und Verhaltensweisen verstehen und warum sie sich selbst nicht als »deutsch« bezeichnen würden. Ich habe daher meine Familie, insbesondere meine Eltern, das erste Mal offen zu meinem Deutschsein befragt, also sozusagen danach, wo sie mich kulturell verorten würden. Dabei habe ich ihnen aber auch gesagt, dass es mir nicht um eine Wertung geht, sondern darum, die verschiedenen Sichtweisen und Vorstellungen besser zu verstehen.

»Liebe Familie, was ist deutsch an mir?« Meine Eltern gingen bei dieser Frage vor allem auf mein familiäres Rollenverständnis ein, das von den traditionellen Vorstellungen türkischer und kurdischer Familien stark abweicht. Insbesondere mein frühes Ausziehen von zu Hause war für sie ungewöhnlich. Mein Vater drückte es so aus: »In unserer Kultur wohnen die Kinder so lange zu Hause, bis sie heiraten oder für ein Studium oder einen Job umziehen müssen. Bis dahin hilft man sich gegenseitig. Familie hat bei uns einen besonderen Stellenwert, und als großer Bruder hast du eigentlich wie ein zweiter Papa Verantwortung für deine Geschwister. Sie schauen sich ja bei dir alles ab, weil du der Älteste bist. Du aber bist während deines Studiums in eine Zweier-WG gezogen, die gerade mal fünf Kilometer entfernt lag. Du hast das damit begründet, dass du selbstständiger werden und wissen willst, wie es ist, als Student zu leben. Wir haben uns das anders vorgestellt.«

Meine Mutter ergänzte: »Du hast von da an weniger am Familienleben teilgenommen. Vorher hast du uns öfter bei Formularen geholfen, uns zu Terminen begleitet oder Verantwortung übernommen – so, wie es sich für einen großen Sohn in der Fremde gehört. Wir können ja nicht so gut Deutsch, daher warst du eine Hilfe. Dieses frühe Ausziehen kennt man sonst nur von Deutschen. Wir kennen ja selbst genug Leute, deren Kinder schon mit achtzehn ausgezogen sind oder sogar von den Eltern ermutigt wurden, sich eine eigene Bleibe zu suchen. So was würde ich nie übers Herz bringen. Deutsche haben sogar Begriffe wie ›Hotel Mama‹, weil sie es lästig finden, wenn ihre erwachsenen Kinder zu Hause leben. Ich habe dich immer gerne bekocht und mich um dich gesorgt. Bei uns ist das halt so, und von mir aus hätte es gern so bleiben können.«

Mein Vater ging nun auf meine erste WG ein: »Da bist du sogar mit einer Frau zusammengezogen, die du vorher nicht kanntest. Auch wie du deine Beziehungen zu deutschen Frauen führst, hat uns manchmal überfordert.« Dann wechselte er schnell das Thema und hob meinen Sprachgebrauch hervor. Ich spräche sogar besser als manche Deutsche ohne Migrationshintergrund. »Schon viele Kunden haben gesagt, dass ich stolz auf dich sein kann, weil du so gut sprechen kannst. Du hast dich eben viel mit der deutschen Sprache beschäftigt, benutzt deutsche Redewendungen und hast Theater gespielt. Kultur und Sprache sind dein Ding. Du sprichst Hochdeutsch und ohne Akzent.«

Meine Mutter stellte noch eine andere »typisch deutsche« Eigenschaft an mir fest: »Mein Sohn, wenn du zu Hause bist, versuchst du, in unseren Alltag – selbst bei banalen Dingen – Struktur reinzubringen. Sonst kennen wir diesen Planungsdrang eher von Deutschen, die selbst ein nettes Beisammensein durchorganisieren. Du beschäftigst dich bereits vor dem Abendessen mit der Aufgabenverteilung. Du bietest an, selbst etwas zum Essen beizusteuern, und möchtest klären, wer was kocht und wer was nachher abräumt, statt gelassen mitzuessen.«

Sie und andere Verwandte zählten noch ein paar weitere Eigenschaften oder Verhaltensweisen auf, die sie an mir als »deutsch« wahrnehmen. Ihrer persönlichen Ansicht nach ist es so:

➤ In zwischenmenschlichen Angelegenheiten betone ich immer wieder, wie wichtig mir ein gleichberechtigter, nicht bevormundender Umgang ist. Das ist mir wichtiger als der klassische Respekt gegenüber Älteren.

➤ Ich nehme Traditionen nie unhinterfragt hin und tue nie etwas bloß deshalb, »weil man das immer schon so gemacht hat«.

➤ Insgesamt bin ich individualistisch und gehe meinen eigenen Weg, ganz egal, was Verwandte dazu sagen. Ich wirke sehr autonom und gebe manchmal deutlich zu verstehen, dass ich mich von meinen »Wurzeln« abgrenzen möchte.

➤ Ich verkörpere ein Männerbild, das von dem »typischen Türken und Kurden« beziehungsweise südländischen, muslimischen und traditionellen Mann abweicht. Dieser ist stark im Auftreten und behält stets das letzte Wort.

➤ Ich pflege »unsere Traditionen« nur auf Sparflamme. Ich nehme eher selten an Familienfeiern oder Hochzeiten teil, und ich bezeichne mich selbst nicht als Aleviten.

➤ Wenn wir uns längere Zeit nicht gesehen haben, frage ich nach konkreten Terminen und möchte einen Zeitpunkt abmachen. Sie dagegen sagen: »Komm doch einfach. Wann immer du kannst, bist du halt da. Wir sind deine Familie und keine Behörde. Du musst keine Termine machen und auch nicht wie Deutsche pünktlich sein.«

Meine Eltern sprachen von Verhaltensweisen und Eigenschaften, die sie konkret entweder als »deutsch« oder »nicht deutsch« beziehungsweise »türkisch« deklarierten. Eine solche Praxis, vermeintlich eindeutige kulturelle Zuordnungen vorzunehmen, findet sich nicht nur in unserer, sondern letztlich in jeder Gesellschaft. Was aber ist besonders »deutsch« daran, dass ich Termine mache und gerne pünktlich bin? Gut, das Klischee besagt, dass Deutsche pünktlich sind. Aber sind pünktliche Briten deshalb auch gleich »deutsch«? Und wo wir schon davon sprechen: Mein Vater ist einer der pünktlichsten Menschen, die ich kenne. Wenn er einen Termin bei einer Behörde, in der Schule oder sonst wo hat, ist er in der Regel einige Minuten *vor* dem Termin da. Je nach Kontext zeigt auch er das ein oder andere Verhalten, das er bei mir als »angepasst« oder eben »deutsch« empfindet. Demnach wäre er genauso deutsch wie ich. Man merkt schon: Diese Zuschreibungen sind schnell gemacht, gehen aber an der Realität völlig vorbei und werden den einzelnen Menschen nicht gerecht. Und folglich zeigen die Antworten auf meine Frage in gewisser Weise nur, dass auch meine Familie zu oberflächlichen und allzu einfachen kulturellen Einordnungen neigt.

Das Klischee »deutscher« Pünktlichkeit kann übrigens

schnell eine diskriminierende Note bekommen. Ein Deutscher ohne Migrationshintergrund, der notorisch unpünktlich ist, muss deshalb nicht befürchten, als »nicht deutsch« abgestempelt zu werden. Menschen mit sichtbarem Migrationshintergrund müssen hierzulande jedoch damit rechnen, dass es gleich wieder als Beleg dafür gewertet wird, dass sie nicht wirklich dazugehören, wenn sie nicht immer pünktlich sind oder andere vermeintlich »deutsche Tugenden« nicht erfüllen. Was ich damit sagen will: Gewisse Eigenschaften und Verhaltensweisen werden bei Menschen mit sichtbarem Migrationshintergrund anders etikettiert und bewertet als bei Deutschen ohne Migrationshintergrund. Meiner Meinung nach lässt sich Deutschsein grundsätzlich nicht an einzelnen Eigenschaften festmachen. Stichwort Pünktlichkeit: Wenn etwa bei meinen deutschen Freunden in Berlin eine Party steigt und es geht um 22 Uhr los, kommen die meisten Gäste erst um Mitternacht oder noch später.

Wir mögen uns dessen nicht immer bewusst sein, aber wir alle – ob mit Migrationshintergrund oder ohne – haben Mehrfachidentitäten. Auch meine Eltern und Verwandten sind von verschiedenen kulturellen Einflüssen geprägt und weisen Eigenschaften auf, die schubladentauglich sind – mal kurdisch, mal türkisch, mal deutsch.

Auch wenn man ihre Antworten also kritisch hinterfragen kann, bin ich meiner Familie für ihre Offenheit sehr dankbar. Sie machen mir so manches an meiner Denk- und Lebensweise deutlich, zum Beispiel, wo ich Aspekte der Kultur meiner Eltern aufgegeben habe. Teilweise habe ich mich bewusst entschieden, dass ich anders leben möchte. Teilweise ist es unbewusst passiert – ganz automatisch durch meinen tagtäglichen Umgang mit Menschen vielfältigster kultureller Prägung. Durch sie kam ich mit neuen Lebensentwürfen und kulturellen Hintergründen in Berührung und ich lernte, dass es verschiedene kulturelle Normalitäten gibt und ich immer eine Wahl habe.

Was meine Eltern und Verwandten interessanterweise offenbar weniger wahrnehmen, sind die Aspekte meiner Persönlichkeit, die nicht den typisch deutschen Stereotypen entsprechen. Für diesen Teil von mir lassen sich die unterschiedlichsten Bezeichnungen finden: türkisch, kurdisch, alevitisch oder einfach anatolisch. Ich spreche lieber von »Zu Hause«-Aspekten, denn letztlich geht es dabei um lauter Dinge, die ich durch meine Familie kennengelernt habe und die mir in vielen Momenten ein Gefühl von Heimat, Verbundenheit und Zugehörigkeit vermitteln. Das ist etwa der Fall, wenn

> ➤ ich kurdische Gesänge oder türkische Volkslieder höre oder auf der Saz spiele;
> ➤ es zum Essen Kuru Fasulye gibt, weißen Bohneneintopf mit türkischem Reis, oder am Morgen Linsensuppe und Çay (das fehlte mir besonders, als ich in eine WG einzog);
> ➤ meine Eltern von ihren jungen Jahren in der Türkei erzählen;
> ➤ Bekannte und Freunde sich für die linke Opposition in der Türkei starkmachen;
> ➤ wir große Familienfeiern ausrichten und dabei viele Verwandte zu Gesicht bekommen;
> ➤ ich auf den meist riesigen Hochzeiten mit bis zu tausend Gästen Halay tanze (den traditionellen Volkstanz, bei dem alle nebeneinander in der Reihe und beim Nachbarn eingehakt tanzen);
> ➤ ich von anderen – etwa von geflüchteten Menschen – erfahre, wie es ist, als Minderheit sowohl in der Türkei als auch in Deutschland zu leben.

Diese Heimatgefühle »schmecken« anders als entsprechende Gefühle in Kontexten, die für mich »deutsch« konnotiert sind. Das hat nicht zuletzt damit zu tun, dass ich bei solchen Gelegenheiten meine familiäre migrantische Prägung spüre. Meine Eltern wissen beispielsweise, dass ich Bevormundung durch andere insgesamt schwierig finde, und dennoch genieße und schätze ich es, ihr Sohn zu sein – auch wenn sie immer noch versuchen, mich zu erziehen, und mir immer wieder Tipps und Ratschläge geben. Wenn sie sagen: »Bei uns gehört sich das so und so«, denke ich mir zwar immer meinen Teil und bin oft anderer Meinung, aber mittlerweile weiß ich auch, dass sie nahezu alles erst einmal aus Gewohnheit und aufgrund ihrer eigenen Sozialisation sagen. Sie möchten einfach die Werte weitergeben, die aus ihrer Sicht wichtig sind. Seitdem ich ihre »türkische« Art so erklären kann, schätze ich ihre Kultur noch mal mehr. Gerade in Bezug auf meine Eltern habe ich deshalb manchmal widersprüchliche Gefühle, Erfahrungen und Gedanken. Ist das der Preis dafür, dass ich mich zwischen und in zwei Welten bewege?

Wenn wir in der Türkei zu Besuch sind, was etwa alle ein bis zwei Jahre der Fall ist, stelle ich mir manchmal vor, dass ich dort hätte aufwachsen können. Dann überkommt mich eine große Melancholie. Alles wäre komplett anders gekommen. Diese Melancholie verwandelt sich aber meist wieder in Dankbarkeit, Dankbarkeit gegenüber meinen Eltern und für das Leben, das ich in Deutschland führen darf. Ein gewisser Hang zu Melancholie und Sentimentalität verbindet mich aber zweifellos mit meiner Herkunft. Während deutsche Freunde und ihre Familien Hollywoodfilme, amerikanische Serien oder den *Tatort* bevorzugen, schauen meine Eltern seit jeher am liebsten türkische Serien. Die sind derart melodramatisch, dass sie hin und wieder mitweinen, fluchen oder vor lauter Nervosität tütenweise Sonnenblumenkerne vertilgen. Die Leidenschaft für diese Schnulzen teilen sie mit sehr vielen anderen türkeistämmigen Familien hierzulande. Dasselbe gilt für ihre Begeisterung, mit der sie immer mal wieder alte und oft stundenlange Videos von Familienfeiern genießen. Dann heißt es gern: »Schaut mal, das ist der Onkel zweiten Grades aus der Familie xyz, der wohnt in der Schweiz, und das ist die Tante dritten Grades aus der Türkei.« Unsere Verwandtschaft ist sehr groß und über ganz Europa verteilt. Ohne dieses türkische TV-Memory-Spiel wüsste ich die Hälfte ihrer Namen nicht und auch nicht, wo sie heute leben.

Ich bin der, der ich sein möchte

Ich habe mich unfassbar gefreut, als ich das erste Mal meinen deutschen Pass in der Hand hielt – immerhin erst mit 21 Jahren. Endlich! Früher hätte ich ihn nicht beantragen können, weil ich ein Kriterium nicht erfüllte: den achtjährigen, »rechtmäßigen« Aufenthalt in Deutschland. Die lange Zeit, in der wir nur geduldet waren, wurde also nicht angerechnet. Ein erster Antrag, den ich trotzdem einige Jahre zuvor gestellt hatte, war deshalb abgelehnt worden. Ich weiß nicht mehr, wie ich damals darauf kam, aber ich wandte mich daraufhin an den Petitionsausschuss des Bundestages, um mich zu beschweren. Ich wollte, dass die Politiker sich meiner Einbürgerung annehmen, und schrieb, dass ich nicht verstehen könne, warum ich nicht Deutscher werden durfte. Aus meiner Sicht sei ich doch bereits »sehr deutsch« und erfüllte vieles von dem, was für ein friedliches und aufrichtiges Leben in Deutschland notwendig sei. Der Fall wurde am Ende an den hessischen Landtag übergeben, der mich anschließend über den gesetzlichen Rahmen informierte und um Geduld bat.

Im Jahr 2015 war es dann so weit. Ich war der Erste in meiner Familie, der den Pass erhielt, denn ich hatte ihn noch vor meinen Eltern beantragen dürfen – mein abgeschlossenes Abitur wurde als »besondere Integrationsleistung« gezählt. Als ich den Ausweis bekam, besorgte ich umgehend eine Hülle, um ihn gut zu schützen. Meine Eltern wollten ihn natürlich auch sofort sehen und freuten sich riesig für mich. Auch in ihren Augen hatte ich es geschafft!

Ich erinnere mich noch genau, was für eine Erleichterung ich spürte. In all den Jahren der Angst vor Abschiebung und der schlaflosen Nächte angesichts unserer ungewissen Zukunft war da dennoch auch immer die feste Hoffnung gewesen, dass dieser Moment eines Tages kommen würde. Für Geduldete wie uns war der deutsche Pass quasi der Heilige Gral. Für mich ist er der sichtbare Beweis dafür, dass ich angekommen bin.

Diese Bescheinigung meiner deutschen Staatsangehörigkeit gibt mir tatsächlich mehr Sicherheit und Selbstvertrauen. Zum einen kann ich mich jetzt gelassener und selbstbestimmter als »Deutscher« bezeichnen, denn ich kann es schwarz auf weiß beweisen. Zum anderen darf ich nun wählen, mitbestimmen und unsere Gesellschaft mitgestalten, was meine Verbindung zu ihr noch einmal verstärkt hat. Der Pass trägt definitiv zu meinem »deutschen« Selbstverständnis bei. Die Tatsache, dass ich Deutscher bin, ist dabei gar nicht so entscheidend wie die, dass ich als deutscher Staatsbürger mehr Rechte und Freiheiten genieße und besser partizipieren kann. Selbst rechtsgesinnten Menschen gegenüber kann ich souverän begegnen und sagen, dass ich Deutscher bin – uns unterscheidet formal nichts.

Manchmal allerdings schießt mir der Gedanke durch den Kopf, dass es doch auch etwas merkwürdig ist: Erst eine Plastikkarte macht mich zu einem richtigen Deutschen? War ich das denn nicht schon längst? Die Frage, was genau mich deutsch macht, ist dadurch jedenfalls nicht geklärt. Und wie die vielen unter #MeTwo geschilderten Ausgrenzungserfahrungen gezeigt haben, zählt der Pass im Alltag letztlich wenig, wenn es um Zugehörigkeit geht – wenn man beispielsweise von außen signalisiert bekommt, dass man nicht dazugehört, dass man eben doch nicht so ist, wie manche Leute sich Deutsche vorstellen.

»Ich bin Deutscher«, »Ich bin Deutscher mit Migrationshintergrund«, »Ich bin alevitisch-kurdischstämmiger Neudeutscher« – nichts davon geht mir leicht über die Lippen. Ich merke, dass alle Wörter und Begriffe, die ich zur Beschreibung meiner Persönlichkeit bräuchte, mit so vielen Konnotationen behaftet sind, dass ich sie lieber meiden möchte. Sie sind und bleiben immer unzulänglich. Ich bin nun einmal ein MeTwo-Mensch.

Für meine Eltern, die nicht in zwei Welten aufgewachsen sind, ist die Sache leichter. Sie bezeichnen sich mal als Kurden aus der Türkei, mal als Türken – je nachdem, wer sie fragt und worum es geht. Die Antwort »Türkei« ist für sie selbstverständlich, weil sie dort geboren und groß geworden sind und weil sie entsprechende Ausweise haben. Sie sind nach Deutschland gekommen, um nicht unterdrückt zu werden und um uns Kindern eine gute Zukunft zu ermöglichen. Wozu sollten sie sich als Deutsche verstehen? »Und, Papa, würdest du mich als Deutschen bezeichnen?«, fragte ich ihn einmal. Er verneinte und sagte: »Du hast deine Wurzeln in der Türkei. Deine Mutter und ich sind ja nicht von hier.« Auf meine Bemerkung, ich hätte mich die allermeiste Zeit in Deutschland aufgehalten und hier meine Identität ausgebildet, entgegnete er: »Aber mein Sohn, die deutsche Gesellschaft sieht dich nicht als Deutschen. Du hast zwar die Staatsangehörigkeit, aber das bedeutet nicht, dass du je ein richtiger Deutscher sein kannst.«

Seine Antwort hatte etwas Ernüchterndes. Überhaupt muss ich zugeben, dass die Gespräche mit meinen Verwandten oft nicht sehr ermutigend waren. Wenn sie etwa sagten »Du bist deutsch« oder »Du hast dich sehr angepasst«, schwang da eine gewisse Enttäuschung, ja Abwertung mit. Genauso wie es Deutsche ohne Migrationshintergrund gibt, die in ihren Augen ungewohnte und fremdkulturelle Traditionen immer auch etwas abwertend darstellen oder ablehnen, gibt es auch Migranten (darunter viele meiner Verwandten), die das »Deutsche« manchmal zu befremdlich finden. Die einen werfen also Migranten vor, rückständig und nicht in der Moderne angekommen zu sein, zu sehr an alten Rollenbildern und verkrusteten Werten zu klammern. Und umgekehrt unterstellen einige Migranten manchen Deutschen, sie würden nicht ausreichend Wert auf traditionelle Bindungen oder die Familie legen. Diese gegenseitigen Vorwürfe spiegeln sich zum Teil auch in mir wider. In meiner Jugend war es deshalb so, als hätte ich nicht nur ein »Über-Ich«, sondern gleich zwei. Das eine spricht für die Regeln und Werte von zu Hause, das andere bringt mich dazu, dem Neuen und »Deutschen« zu folgen.

Das Interessante am Gespräch mit meinen Eltern war, dass sie zunächst nur allgemein antworteten: »Du bist halt so wie sie. Du bist ja mit vielen Deutschen befreundet« oder »Du bist ja hier aufgewachsen und hast ihre Kultur übernommen«. Dieses »Rumeiern« kenne ich auch von meinen Workshops zu interkulturellen Kompetenzen. Wenn ich diejenigen ohne Migrationshintergrund frage, was sie von Migranten unterscheidet, sind die Antworten selten konkret. Doch bei meinen Eltern wollte ich es genauer wissen. Was macht mich in ihren Augen »deutsch«? Einige ihrer Antworten überraschten mich auch deshalb, weil es darin eigentlich nicht um mich und meine Verhaltensweisen ging, sondern um ihre Wahrnehmung, ihre Gefühle und letztlich um ihre Situation in der Fremde. In der Auseinandersetzung mit dem Fremden haben sie ein umso stärkeres Gefühl für ihre »Herkunft« entwickelt, und wo sie Ablehnung oder Rassismus erlebten, bestärkten diese Erfahrungen sie in ihrem Selbstbild als »Andere«.

Wie ich bereits geschildert habe, war und ist auch meine Auseinandersetzung mit Deutschsein und Integration beileibe nicht nur von schönen Erfahrungen geprägt. Besonders in der Schule hatte ich oft das Gefühl, mit einem Makel behaftet zu sein. Einmal sprach ein Lehrer mit mir über die Terroranschläge vom 11. September 2001 und beklagte die Radikalisierung von Muslimen, als ob ich dafür verantwortlich wäre oder irgendetwas damit zu tun hätte. Ein anderer Lehrer erwähnte nebenbei, dass ein Mann namens Ali ein Attentat auf den Papst verübt habe. Das war in der 10. Klasse der Gesamtschule in Pohlheim. Ich muss seitdem immer wieder daran denken. Es war, als wollte er mir zu verstehen geben: »Du gehörst nicht zu uns, du gehörst zu denen, von denen wir uns bedroht fühlen.« Momente wie diese haben es mir nicht leicht gemacht, mich Deutschland zugehörig zu fühlen.

Doch zum Glück bin ich dort nicht stehen geblieben: Mit viel Anstrengung und Willen, aber auch Unterstützung von außen habe ich das notwendige Selbstbewusstsein entwickelt, um mich zugehörig zu fühlen – sowohl zu der Welt, die ich zu Hause und durch meine »Herkunftskultur« kenne, als auch zu der Welt, die ich in Deutschland erfahre. Beide Welten sind wie zwei Stühle in einem großen Raum, und ich bin derjenige, der gelassen die Plätze wechseln kann, wie und wann er möchte.

Mein Leben »zwischen den Stühlen« ist zu einem Leben »auf den Stühlen« geworden. Mit der Zeit kann ich entspannter damit umgehen, weil sich mein Weg immer deutlicher abzeichnet und weil ich mich und meine Umgebung immer besser verstehe. Ich habe mir sozusagen die Plätze erarbeitet, die es mir erlauben, mich in verschiedensten sozialen Kontexten flexibel zurechtzufinden. Das Nachdenken über meine Herkunft, die Familie und das Leben in Deutschland hat mir dabei sehr geholfen. Inzwischen weiß ich um mein MeTwo-Sein, um meine zwei und mehr Seelen in der Brust. Und ich fühle mich frei, sie als meine individuelle Persönlichkeit zu definieren. Das bedeutet auch eine kritische Distanzierung von überkommenen kulturellen Stereotypen. Ich muss weder deutsch noch türkisch, noch kurdisch sein. Ich weiß, dass ich der sein darf, der ich bin und sein möchte.

Stimmen zu #MeTwo: Neues Deutschsein

Wenn von Deutschen die Rede ist, fällt irgendwann auch das Wort »biodeutsch«. Sobald ich das höre, denke ich zunächst an Biologie und frage mich, ob etwa die Schilddrüse eines »Biodeutschen« irgendwie anders funktioniert als bei einem Deutschen, der nicht »bio« ist. Ich denke dann aber auch an Biogemüse. Das »Bio«-Siegel wird schließlich nur unter mehr oder weniger strengen Auflagen verliehen. Biolebensmittel bescheren den Käufern ein besseres Gewissen und gelten als hochwertiger als Nicht-Biolebensmittel. Sind demnach Biodeutsche entsprechend »besser« als Nicht-Biodeutsche? Zu Letzteren würde ja wohl auch ich zählen. Ich mag den Ausdruck »biodeutsch« jedenfalls nicht.

Tatsächlich nutzen einige den Ausdruck, den angeblich der Kabarettist Muhsin Omurca erfunden hat, um Deutsche mit Migrationshintergrund von »richtigen« Deutschen zu unterscheiden, also denjenigen, die von »richtigen« Deutschen abstammen, die wiederum auch von »richtigen« Deutschen abstammten und so weiter. Ich finde, es ist Zeit, diese offensichtlich willkürliche, diskriminierende Zweiteilung zu überwinden und folgende

Tatsache anzuerkennen: Weil die Gesellschaft sich verändert hat und weiter verändert, bedeutet Deutschsein heute etwas anderes. Wir alle, die hier leben, fügen mit unserer jeweiligen einzigartigen Biografie der Definition eine neue Facette hinzu. Genau das zeigen auch die Antworten meiner Interviewpartner auf die Frage, was es für sie bedeutet, deutsch und etwas anderes zu sein.

Aladin El-Mafaalani (Soziologe und Autor)

Für mein Deutschsein sehe ich verschiedene Ankerpunkte. Ich habe die deutsche Staatsbürgerschaft, ein deutsches Abitur, war bei der deutschen Bundeswehr, habe das erste und zweite Staatsexamen, bin deutscher Beamter – zuerst als Lehrer im Schuldienst, jetzt als Professor an der Universität und zwischendurch als Abteilungsleiter im Ministerium. Also rein formal geht es nicht deutscher.

Aber es geht noch viel mehr um die Gefühlslage. Ich fühle mich Deutschland verbunden und verpflichtet. Ich bin also deutscher Patriot, obwohl es nicht mein »Vater«land ist. Und Deutsch ist meine Muttersprache, obwohl Deutsch nicht die Sprache meiner Mutter ist. Ich liebe die deutsche Sprache, obwohl ihre klassischen Begriffe nicht ganz passen.

Nimmt man die Begriffe ernst, dann ist Syrien mein Vaterland und Arabisch meine Muttersprache. Und tatsächlich fühle ich mich in Syrien und in der arabischen Sprache zu Hause – aber es ist ein zweites Zuhause, eine zweite Heimat. Alles in allem ist es komplex, Herausforderung und Privileg in einem. Aber es ist so. Eine ganz normale Spielart des Deutschseins im 21. Jahrhundert.

Aylin Karabulut

Gleichzeitig von kurdischen, türkischen und deutschen Einflüssen umgeben zu sein, war für mich immer schon selbstverständlich und normal. Erst im Kindergarten und in der Schule spürte ich, dass etwas anders war. Nicht, weil ich tatsächlich anders war, sondern weil ich zu einer »Anderen« gemacht wurde. Ich komme aus einer türkeistämmigen kurdischen Familie und bin Deutsche. Und entgegen vielen Meinungen, die mir leider nach wie vor tagtäglich begegnen: Menschen wie ich sind keine Anderen, keine Ausnahmen, keine Abweichung oder Sonderfälle. Wir sind Normalität. Wir sind zugehörig. Wir alle zusammen sind Deutschland im Jahr 2019, denn Diversität ist heute ein elementarer Grundpfeiler dieser Gesellschaft. Deutschsein bedeutet heute Diverssein.

Malcolm Ohanwe

Ich betrachte deutsche Identität sehr pragmatisch. Hast du einen deutschen Pass, bist du deutsch. Aber da gibt es natürlich reihenweise Ausnahmen, die die Regel bestätigen. Die Mehrere-Seelen-Problematik wird vor allem dann deutlich, wenn es um abstrakte Konzepte wie Patriotismus, »europäisches Erbe« oder christliches Abendland geht. Da steige ich spätestens aus. Ich bin nicht deshalb deutsch, weil ich es fühle, weil ich dafür kämpfe, weil ich mein Heimatland liebe oder weil ich will, dass unser Land wächst und gedeiht und seine Kultur in aller Welt geschätzt wird. Ich bin nicht deshalb deutsch, weil ich unsere Küche so toll finde oder mich in deutschen Straßen zu Hause fühle. Nein, ich bin schlicht deswegen deutsch, weil ich es bin. Es bedarf keiner weiteren Parameter oder Erklärungen.

Was mir jedoch auch sehr wichtig ist: Ich mache keine halben Sachen. Ich bin zu 100 Prozent deutsch. Ich bin weder halbdeutsch noch passdeutsch, ich bin auch ungerne afrodeutsch oder Deutscher mit Migrationshintergrund. Ich bin deutsch. Punkt. Genauso deutsch wie alle anderen Formen des Deutschseins. Mein Deutschsein bedarf keiner weiteren Attribute oder Spezifika, denn es versteht sich von selbst, dass man schwarz und deutsch, lesbisch und deutsch, US-amerikanisch und deutsch oder zoroastrisch und deutsch sein kann. Dasselbe gilt für meine anderen Nationalitäten.

Maja Bogojević

Ich möchte wegkommen von dem Anspruch, irgendwann deutsch sein zu müssen, denn solange wir uns an solchen Begrifflichkeiten festhalten, werden Menschen ausgegrenzt, seien es solche, die kürzlich nach Deutschland geflüchtet sind, Gastarbeiter*innen, denen der Zugang zur gesellschaftlichen Teilhabe weiterhin verwehrt bleibt, oder seien es Personen, die keinen deutschen Pass haben. Das Gefühl des Deutschseins sollte kein Kriterium sein, um hier leben zu dürfen. Genauso wenig wie der Pass, die Ethnizität oder die Religion.

Reyhan Şahin

Die weißdeutsche Mehrheitsgesellschaft muss verstehen, dass Migrationsbiografien zu Deutschland dazugehören, Deutschland ausmachen. Und sie muss lernen, diese als Bereicherung anzuerkennen, nicht als Defizit. Daher spreche ich im Scherz gerne auch von Menschen mit Migrationsdefizit, wenn es sich um jene handelt, die keine Migrationsbiografien haben.

Hasnain Kazim

Ich fühle mich sowohl in Deutschland als auch in Pakistan heimisch. Manche Deutsche verstehen nicht, wie man nicht »nur deutsch« sein kann, weil sie selbst keine andere, zweite (oder dritte oder vierte) Heimat haben. Oder weil sie glauben, man müsse sich schlussendlich für ein Land entscheiden, da Loyalität gegenüber einem Land unteilbar sei.

Aber das ist nicht so. Selbstverständlich kann man sich mehreren Ländern oder Kulturen angehörig fühlen, so wie man auch zwei oder mehr Sprachen seine eigene nennen kann. Für mich ist Deutsch meine erste Sprache.

Ich bin aufgrund meiner Sozialisation sicherlich mehr deutsch als pakistanisch. Bei anderen Menschen ist es anders: Manch einer fühlt sich ebenso deutsch wie türkisch, wieder andere sind mehr syrisch als deutsch oder sind gleichermaßen amerikanisch, italienisch und deutsch.

Gelegentlich höre ich, man könne sich doch nur einem Land verpflichtet fühlen. Was das angeht, kann es tatsächlich zu Konflikten kommen: Wenn ich zum Beispiel Fußballfan bin, welcher Nationalmannschaft drücke ich die Daumen? Vor allem, wenn meine beiden Länder gegeneinander spielen? Oder, wenn es Wehrpflicht gibt, in welchem Land leiste ich Wehr- oder Ersatzdienst? Und ja, es gibt auch kulturelle Aspekte – Kleidungsvorschriften, der Umgang zwischen Mann und Frau et cetera –, die aufeinanderprallen können. Insofern sind Menschen, die sich mehreren Kulturen zugehörig fühlen, oft konfliktbeladen. Es ist manchmal ein Spagat, den es zu schaffen gilt.

Aber alles in allem: Es geht. Und es ist weniger eine Last, sondern vielmehr eine Bereicherung, »deutsch und etwas anderes« zu sein.

Ayesha Khan

Ich war nie deutsch. Dafür sehe ich zu anders aus. Dafür habe ich eine zu spezielle Biografie. Dafür habe ich den falschen Pass. Dafür spreche ich die falschen Sprachen. Dafür hat meine Familie zu kurz in Deutschland gelebt. Dafür ist meine Familie zu muslimisch. Ich werde wohl nie deutsch sein.

»Kulturelle Identität« ist für mich etwas Fluides. Je nachdem, wo ich mich befinde und mit welchen Menschen ich zusammen bin, kann ich einfach codeswitchen. Das kann ich mit Sprache genauso wie mit anderen Dingen. Das ist vielleicht der Grund, warum mir die Zuschreibung »deutsch« nicht zusagt. Ich bin nicht »Deutsche«, aber ich bin auch nichts anderes. Es gibt Momente, in denen ich mir wie eine Deutsche vorkomme – zum Beispiel, wenn ich im Ausland auf der Suche nach Roggenbrot bin. Ansonsten kann und will ich mich nicht mit nationalstaatlichen oder völkischen Zuschreibungen definieren oder definieren lassen.

Farhad Dilmaghani

Wenn man irgendwohin auswandert oder einwandert, oftmals nach einiger Zeit auch die Staatsbürgerschaft erhält, dann gehört man einfach dazu. Dann darf es keine Abstammungspolizei geben, wie sie einige Ewiggestrige am liebsten wieder einführen würden, die dein Deutschsein überprüfen. Dann ist man deutsch. Man ist auch DeutschPlus, weil es mehrere Verbundenheiten, Bezüge und so weiter gibt. Jeder hat ein Plus, ob Mann, Frau, Divers, Handwerker, Biologe oder halt auch von seinen Wurzeln her. Das ist lebensgeschichtlich halt so. Diejenigen, die das infrage stellen, wollen das demokratische Miteinander mutwillig kaputt machen.

Das Bild vom Deutschsein, wie es uns oftmals von den Institutionen, den Medien, der Wirtschaft, den Eliten dieses Landes vermittelt wird, hinkt nach wie vor den realen gesellschaftlichen Entwicklungen hinterher. Das gilt insbesondere für die sogenannten Eliten.

Karim Fereidooni

Deutschsein in einer Migrationsgesellschaft hat vielfältige Facetten und kann nicht als etwas Statisches verstanden werden, was mit einer bestimmten Art und Weise des Aussehens, des Sprechens oder des Essens zu tun hat. Jeder Mensch, der von sich selbst sagt, er sei deutsch, sollte von den anderen Bürgerinnen und Bürgern dieses Landes unhinterfragt als Teil des Kollektivs anerkannt und respektiert werden.

Deutschsein hängt für mich zusammen mit der Achtung der Würde jedes Mitglieds unserer Gesellschaft und damit, dass wir eine Solidargemeinschaft von Personen sind, die sich gegenseitig unterstützen.

6 Die Welt verbessern. Kleine und große Schritte in den Sozialaktivismus

Die Themen, die mich heute beschäftigen, sind, salopp gesagt, nicht einfach vom Himmel gefallen. Und die Dinge, die ich heute tue, sind eine logische Folge all der Prägungen, Erfahrungen und Erkenntnisse, die ich in den vorangegangenen Kapiteln beschrieben habe. Das fängt bei meinen Eltern an, die mich mit ihrer Zielstrebigkeit, ihrem Durchhaltevermögen, ihrem Optimismus und nicht zuletzt ihrem gesunden Pragmatismus bei der Suche nach Lösungen inspirieren. Es scheint, als hätten sie mir davon jede Menge mitgegeben – und diese konstruktive Art kann ich wirklich gut gebrauchen.

Dass ich mich heute als »Sozialaktivist« bezeichne, habe ich aber auch einer Reihe von Zufällen – vor allem zufälligen Begegnungen – zu verdanken. Ohne Menschen, die mir ihr Vertrauen schenkten, meine Überzeugungen teilten und mich auf unterschiedlichste Weise anregten und ermutigten – und das alles auch heute tun –, wäre ich mit Sicherheit nicht da, wo ich heute bin. Aber auch die Menschen aus meinem näheren Umfeld haben einen Anteil. Bei Freunden, Leuten im Theater, Mitspielern im Fußballverein und so weiter stand oft das Gemeinsame im Vordergrund. Wir ließen uns aufeinander ein und lernten voneinander. Ohne die Offenheit meiner Mitmenschen wäre ich heute selbst nicht so offen. Ich glaube stark, dass ich auch deshalb Projekte ins Leben rufe, die Begegnungen und das Miteinander fördern sollen.

Als Sozialaktivist setze ich mich im Rahmen von Aktionen, Projekten und Kampagnen dafür ein, unsere Gesellschaft konstruktiv zu verbessern. Als MeTwoler liegt mir dabei insbesondere die Auseinandersetzung mit Rassismus und Diskriminierung am Herzen. Dazu versuche ich, immer wieder »Räume« für Austausch und Kontroversen zu schaffen. Sie stoßen idealerweise eine Veränderung an, erst in den Köpfen und dann hoffentlich in der gesellschaftlichen Realität. Die #MeTwo-Debatte sollte genau einen solchen Raum bieten – in diesem Fall einen, in dem der alltägliche Rassismus thematisiert und verhandelt wird.

Mit Blick auf meine Aktionen bekomme ich oft zu hören: »Wie hast du das gemacht? Ich würde mir so was nie zutrauen.« Wenn ich im Folgenden auf einzelne Stationen meines sozialaktivistischen Werdegangs näher eingehe, dann will ich damit vor allem zeigen, dass letztlich jede und jeder das Zeug dazu hat, die Welt zu verbessern. Es geht nicht darum, wie groß oder eindrücklich ein Projekt ist. Was zählt, ist, überhaupt aktiv zu werden und sich einzubringen.

Seit Herbst 2013 engagiere ich mich ehrenamtlich – und lerne täglich dazu. Mit der Zeit habe ich immer geeignetere Wege gefunden, um anderen meine Ideen zu vermitteln. Am Anfang hätte ich nicht so einfach einen globalen Hashtag gegen Rassismus ins Leben rufen können. Ja, ich wäre nicht mal auf die Idee gekommen! Das Ganze war und ist ein Lernprozess – mit Erfolgserlebnissen und Enttäuschungen. Aber er lohnt sich.

Anfänge am UNICEF-Stand

Im Jahr 2012, als ich in der 12. Klasse war, mussten wir Schülerinnen und Schüler alle ein zweiwöchiges Betriebspraktikum absolvieren. Ich hatte keine richtige Idee, was ich machen wollte, und versäumte prompt die Bewerbungsfrist. Zufällig erwähnte eine Freundin jedoch, sie habe ihr Praktikum in der Gießener Arbeitsgruppe von UNICEF, dem Kinderhilfswerk der Vereinten Nationen, gemacht. Deren Mitglieder waren alles Ehrenamtliche, die vor allem Grußkarten für den guten Zweck verkauften. Ich griff die Anregung dankbar auf, bewarb mich und wurde zu einem Gespräch eingeladen.

Mit dem Leiter der Gruppe unterhielt ich mich dann darüber, was ich eigentlich genau machen sollte beziehungsweise könnte. Im Büro selbst gab es nicht sonderlich viel zu tun. Und mich irgendwo an einen Stand zu stellen und zwei Wochen lang Karten zu verkaufen, reizte mich auch nicht wirklich. Da kam mir eine Idee. Wie wäre es, wenn ich in Schulen ginge und dort über Kinderrechte informierte? Allerdings wollte ich den Schülerinnen und Schülern keine PowerPoint-Vorträge halten, sondern ihnen die Inhalte mithilfe von kurzen Rollenspielen und selbst geschriebenen Ein-Mann-Stücken näherbringen. Das Ganze war sicher auch angeregt durch meine Erfahrungen mit dem Theaterspielen, das die Menschen auf mal unterhaltsame, mal berührende Art erreichen und bewegen kann. Erfreulicherweise ließ sich der Mann von UNICEF darauf ein, und so legte ich los, kontaktierte Schulen und erarbeitete mir ein Konzept. Die Begegnungen, die ich dann mit den Kindern hatte, machten mir nicht nur viel Spaß, sondern gaben mir zum ersten Mal die Möglichkeit, Theater und gesellschaftliches Engagement miteinander zu verbinden. Anscheinend liegt mir diese Kombination, jedenfalls schrieben mir noch Wochen später Schülerinnen und Schüler, um mir zu sagen, wie sehr sie das Rollenspiel verändert hatte.

Als ich dann 2013 gleich nach dem Abitur mit dem Lehramtsstudium für die Fächer Deutsch und Ethik an der Universität Gießen begann, wollte ich mich weiterhin engagieren und gründete gemeinsam mit einem Freund – wir hatten uns kennengelernt, weil er Stammkunde in unserem Dönerimbiss war – umgehend eine UNICEF-Hochschulgruppe. In ihr sammelte ich meine ersten Erfahrungen im Ehrenamt, und zugleich trug ich zum ersten Mal Verantwortung für eine Gruppe von Ehrenamtlichen. Das Bürokratische war noch nie mein Ding, und so teilten wir uns die Arbeit auf. Ich machte mir Gedanken über Aktionen und kümmerte mich um die Kommunikation mit den Ehrenamtlichen, er übernahm den organisatorischen Part.

Wir begannen damit, dass wir einen Stand (nun also doch!) vor dem Eingang der Uni-Mensa aufbauten und versuchten, Mitglieder zu werben. Das war zunächst eine mühselige Angelegenheit und verlangte einige Geduld. Nach und nach aber konnte ich die Anliegen von UNICEF – etwa den Kampf für Kinderrechte und für mehr Bildung – »zielgruppengerechter« kommunizieren. Ich ging in Vorlesungen, verteilte Flyer oder baute mit meinen Mitstreitern immer wieder unseren kleinen improvisierten Tisch vor der Mensa auf. Wir hatten unsere schönen blauen T-Shirts an und verteilten viele kleine Give-aways wie Luftballons, Broschüren, Sticker und Bleistifte. Worauf es am Ende wirklich ankam, war, sichtbar zu sein – und sichtbarer zu werden. So veranstalteten wir in der beliebten Gießener Kult-Diskothek Ulenspiegel, wo früher mal Til Schweiger gearbeitet haben soll, eine Mottoparty zum Thema Kindheitshelden. Wir tanzten und feierten in Superheldenkostümen mit ganz normalen Gästen. Der Erlös ging an UNICEF. Mindestens genauso wichtig war aber, dass einige Besucherinnen und Besucher auf unser Engagement neugierig wurden.

Manchmal merkte ich auch, dass dieses Engagement ein Spagat war. Auf der einen Seite das »Es muss Spaß machen, sich zu engagieren«, auf der anderen Seite »Es ist total schlimm, was da passiert!«. Die Themen, für die wir uns bei UNICEF einsetzten, waren ja auch sehr traurig. Deswegen versuchten wir, auf unkonventionelle Weise für sie zu werben und das Engagement mit dem »Alltag« zu verbinden.

So befriedigend einzelne Aktionen waren, so lustlos ging ich nach Hause, wenn wir mal wieder ein Treffen gehabt hatten, bei dem wir nur über Organisatorisches gesprochen oder zu wenig Spenden gesammelt hatten. Sich trotz allem immer wieder neu für eine gute Sache zu motivieren, ist, wie ich feststellen musste, nicht so einfach. In dem Zusammenhang erinnere ich mich an eine Dokumentation über den bekannten Schweizer Kapitalismus- und Globalisierungskritiker Jean Ziegler. Darin erklärt er gleich am Anfang, was ihn bei seinem Engagement immer wieder neu antreibt. In seinen Unterlagen hat er stets Fotos von kleinen hungernden Kindern bei sich. Wann immer er sich fragt, warum er eigentlich so viel Zeit investiert, wann immer er hoffnungslos ist, sieht er sich die Fotos an und ist jedes Mal emotional ergriffen. Dann weiß er, wofür er all das tut, und schöpft neue Kraft. Auch ich musste lernen, meinen Motivationsakku hin und wieder aufzufrischen.

Vernetzen, kreativ sein, sichtbar werden

Anfang 2015 machte mich eine Freundin aus der UNICEF-Hochschulgruppe auf die internationale Lobby- und Kampagnenorganisation ONE aufmerksam, die sich hauptsächlich für den Kampf gegen extreme Armut engagiert. Ein Aufruf von ONE mit dem Titel »Weltverbesserer gesucht« sprach mich sofort an, schließlich träumte ich schon lange von einer besseren Welt und war auf der Suche nach Möglichkeiten, mich und meine Talente noch stärker für eine gute Sache einzusetzen. Ich bewarb mich also für das Jugendbotschafter-Programm. Bei ONE ging es darum, ehrenamtlich mit öffentlichkeitswirksamen Aktionen und Kampagnen Politikerinnen und Politiker in Deutschland, aber auch europaweit aufzufordern, sich stärker für die Bekämpfung von Armut einzusetzen. Dabei konnte man, wie ich gehört hatte, nicht nur Politiker/-innen treffen, sondern auch Promis wie die Schauspielerin Maria Furtwängler, was ich spannend fand.

Nachdem ich eine Zusage bekommen hatte, fuhr ich zu einem Treffen nach Berlin, wo ich fünfzig weitere Jugendbotschafter kennenlernte. Es war sehr inspirierend, so viele junge Erwachsene zu sehen, die sich in unterschiedlichen Bereichen für eine bessere Welt starkmachten: Klima, Entwicklungszusammenarbeit, Kinderrechte, Flucht und Asyl, Wirtschaft und Kunst. Mit vielen von ihnen verstand ich mich auf Anhieb gut. Schließlich brannten wir für das Gleiche. Außerdem wurde mir bei diesem und weiteren Treffen bewusst, wie wichtig – und wie toll – es ist, sich mit Gleichgesinnten zu vernetzen und dadurch immer wieder neu zu motivieren. Früher hatte es nämlich manchmal Momente gegeben, in denen ich daran zweifelte, dass die großen Probleme in der Welt, wie extreme Armut, Klimakrise und Krieg, überhaupt lösbar wären. Was sollte ich schon ändern können? Aber bei Treffen wie bei ONE waren alle voller ansteckendem Tatendrang. In solchen Situationen konnte ich nicht nur meinen Motivations-, sondern auch den Hoffnungsakku aufladen. Im folgenden Jahr, 2016, bewarb ich mich noch einmal erfolgreich als Jugendbotschafter. Diesmal lernte ich unter anderem die heutige Klima-Aktivistin Luisa Neubauer kennen, die ebenfalls an dem Programm teilnahm. Mit ihr und weiteren Jugendbotschaftern bin ich noch heute befreundet, und ich sehe mit Freude, wie wir alle uns weiterhin für eine bessere Welt einsetzen – auch wenn die Themen sich unterscheiden. Manche sind im Klimaschutz tätig, wie Luisa, manch andere in der Entwicklungszusammenarbeit, in diplomatischen Kontexten und so weiter.

In meinem ersten Jahr bei ONE betreute uns Jugendbotschafter unter anderem René Engel. Als René kurz darauf zu der sozialen Kampagnenorganisation AVAAZ wechselte, die vor allem Online-Aktivismus betreibt, blieben wir über Facebook in Kontakt. Über Social Media erfuhr er dann von meinen Aktivitäten gegen Rassismus und für Respekt. Beispielsweise erschien im Januar 2016 bei *ZEIT Online* ein Video über meine Workshops gegen Vorurteile und für interkulturelle Sensibilisierung.[54] Daraufhin schrieb mir René, er würde gerne irgendwann mit AVAAZ und mir etwas auf die Beine stellen. Bemerkungen wie »Lass mal irgendwann was machen« oder »Wir könnten auch mal zusammen eine Aktion starten« hört man unter Engagierten häufiger. In den meisten Fällen passiert dann nichts, aber bei René und mir kam es anders: Gleich nach Bekanntgabe der Ergebnisse der Bundestagswahl vom 24. September 2017 kündigte ich in den sozialen Medien eine »Demonstration gegen Rassismus im Bundestag« am Brandenburger Tor an. Angesichts des Einzugs der AfD in das Parlament sollte die Demo ein Appell an die neuen Abgeordneten sein, sich stärker gegen Rassismus zu engagieren und keine Diskriminierung zu dulden. Als in den ersten Tagen nach meinem Aufruf Tausende Menschen ihre Teilnahme zusicherten, wandte ich mich an René und bat ihn um seine Unterstützung. Daraufhin holte er AVAAZ mit ins Boot und darüber zahlreiche weitere Organisationen aus Gewerkschafts-, Stiftungs- und Kirchenkreisen. Am 22. Oktober 2017, zwei Tage bevor der neugewählte Bundestag zu seiner konstituierenden Sitzung zusammentrat, kamen dann immerhin 12 000 Menschen zum Brandenburger Tor. Hätte ich Réne in der kurzen Zeit bei ONE nicht kennengelernt, wäre es vermutlich nicht zu alldem gekommen. Dadurch wurde mir klar, wie wichtig die Vernetzung im Aktivismus ist, aber auch welch große Rolle soziale Medien spielen können.

Was ich bei ONE neben anderen Dingen gelernt habe: Medien mögen starke Bilder, sie erzeugen öffentlichen Druck! Eine Aktion, bei der ich die Kraft von Bildern verstanden habe, fand im Juni 2015 statt. Anlässlich des G7-Gipfels auf Schloss Elmau trafen wir uns mit rund 250 Jugendbotschaftern aus den G7-Ländern in München. Die Aktion selbst war im Grunde simpel: Große Ballons, auf denen jeweils die Gesichter von Obama, Merkel & Co. abgedruckt waren, schwebten hoch über dem Odeonsplatz. Dazu riefen wir laut in den jeweiligen Sprachen der G7-Länder unseren Slogan: »Wir wollen mehr als heiße Luft!« Die Staats- und Regierungschefs sollten endlich konkrete Maßnahmen gegen Armut, Hunger und vermeidbare Krankheiten ergreifen. Bei früheren Gipfeltreffen waren Zusagen gemacht, anschließend aber oft nicht eingehalten worden. Die Bilder mit den Gesichtern der G7-Staats- und Regierungschefs auf den Riesenluftballons wurden von diversen Medien aufgegriffen und schafften es sogar auf mehrere Titelseiten, unter anderem der *Süddeutschen Zeitung* und der *FAZ*, aber auch internationaler Blätter wie *Financial Times* und *The Guardian*! Protestaktionen können also gerne kreativ sein, irritieren und mit bekannten Elementen spielen. Sichtbarkeit ist ein wichtiger politischer Hebel!

Meine frühen Erfahrungen mit gesellschaftlichem Engagement bei UNICEF und ONE bedeuteten für mich eine enorme Horizonterweiterung. Sie waren vor allem auch eine Lehre in Sachen Vereinsarbeit und Aktivismus. Wie leite ich eine Kampagne? Wie führe ich Aktionen durch? Ich lernte, dass es verschiedene Wege gibt, sich zu engagieren, und dass Kreativität dabei sehr hilfreich sein kann. Es genügt nicht, eine Message zu haben. Man muss wissen, warum man sich engagiert. Man braucht Gleichgesinnte. Man muss sichtbar werden. Und man darf sich nicht scheuen, Fehler zu machen oder zu utopisch zu wirken. Nicht lange abwarten, nicht zu perfekt sein wollen, einfach machen.

Vielleicht wäre es noch eine ganze Weile so weitergegangen: Hier das Lehramtsstudium und die Vorbereitung auf den späteren Beruf, dort das ernsthaft und zeitintensiv betriebene »Hobby« Weltverbessern. Allerdings passierten dann in den ersten Wochen und Monaten 2016 innerhalb kurzer Zeit einige Dinge, die eine ganz neue Dynamik in mein Leben brachten. Es begann mit einer kleinen spontanen Aktion. In den Wochen nach den sexuellen Übergriffen auf Frauen in der Kölner Silvesternacht 2015/16 wollte ich nicht still zuschauen, wie rechte Gruppen diese Ereignisse für sich nutzten. Ich wollte etwas gegen die pauschale Hetze gegen Geflüchtete und Asylbewerber tun und Vorurteile aufbrechen. Also meldete ich mich in einer öffentlichen Facebook-Gruppe an, die »Gießen: Verkaufen, Verschenken, Suchen, Tauschen« hieß. Diese Gruppe funktioniert wie eine Tauschbörse, nur eben auf Facebook. Üblicherweise werden Möbel, Gegenstände oder Klamotten zum Verkauf oder Verschenken angeboten. Ich hatte etwas anderes im Angebot, mir ging es um Gedankenaustausch. Also postete ich meinen ersten Beitrag, obwohl ich weder einen Schrank verschenken noch eine Couch verkaufen wollte. »Hey community«, schrieb ich,

ein etwas anderes Angebot:
Ich verschenke kostenlos meine Zeit für all jene, die Angst und Ungewissheit vor Flüchtlingen und Ausländern haben. Ihr wollt Infos über die Flucht, die Situation als Migrant und vor allem darüber, wie man am besten in schwierigen Situationen mit kulturell Andersartigen umgeht?

Kein Ding. Könnt mir Fragen stellen oder wir machen ein Gruppentreffen. Es geht nicht um Zeitvertreib! Wer in lockerer Runde mal ehrliche Sorgen äußern will, ohne gleich als rechts abgestempelt zu werden, hat die Chance. Ich gebe schon seit längerem Workshops und Seminare zu interkulturellen Trainings. Ps: Ganz ernst gemeint. Wenn Du also Bedarf hast, gebe ich mein Bestes, dass du dich hier in Gießen und Umgebung wohl fühlst. Mein Vorsatz für's neue Jahr.

Wenige Tage später, am 23. Januar 2016, berichtete der *Gießener Anzeiger* über diese Aktion.[55] Es meldeten sich nicht viele. Aber einige Personen habe ich auf einen Kaffee getroffen, die nach der Kölner Silvesternacht tatsächlich Angst hatten und darüber sprechen wollten. Immerhin ein Anfang. Diese Gespräche verliefen alles in allem konstruktiv, und ich bewahrte selbst dann die Fassung, als ich mir teilweise diskriminierende Vorwürfe anhören musste. Doch bald darauf kam es zu einem Vorfall, der mir vor Augen führte, dass es manchmal nicht mehr nur darum gehen kann, die Fassung zu bewahren und ein freundliches Gesicht zu machen, sondern darum, klare Kante zu zeigen und einzugreifen.

Der Rausschmiss

Während meines Lehramtsstudiums musste ich mehrere Praktika an Schulen absolvieren, um Unterrichtserfahrung zu sammeln. Im Februar 2016 kam ich an eine Gesamtschule in Wetzlar. Dort durfte ich auch in einer sogenannten Deutsch-als-Zweitsprache-Klasse mit geflüchteten Kindern und Jugendlichen hospitieren und unterrichten. Zusammen mit anderen Hospitanten begleitete ich diese Schülerinnen und Schüler in verschiedenen Fächern, so auch einmal im Sportunterricht. In der Dreifachturnhalle hatten gleichzeitig noch andere Schüler Sport, die älter waren. Als ich ankam, beobachtete ich, wie der Lehrer mit einigen Jungen aus der »Flüchtlingsklasse« schimpfte, weil sie keine Sportkleidung dabeihatten. Viele hatten Straßenschuhe an, keine Sporthose, und einige Mädchen trugen Jeans und Röcke. Der rüde Ton des Lehrers war mir sehr unangenehm. Abgesehen davon schienen sie auch nicht alles, was er sagte, zu verstehen. Manche von ihnen – sie waren zwischen zwölf und sechzehn Jahre alt – lebten erst seit knapp einem Jahr in Deutschland. Ich fand, er hätte etwas mehr Verständnis zeigen können. Aber er war wohl der Typ, der gern Ansagen machte.

Nachdem die Letzten aus den Umkleidekabinen gekommen waren, verkündete er, dass sie heute Zirkeltraining machen würden. Ich war verwundert: Warum nahm er keine Rücksicht darauf, dass die meisten keine passende Kleidung trugen? Und warum erklärte er ihnen nicht, was Zirkeltraining überhaupt ist und wozu man es macht – und zwar so, dass sie es verstanden?

Da ich als Hospitant nur beobachten sollte, sagte ich erst mal nichts, stellte mich an den Rand und schaute zu. Während die Schüler sich sichtlich bemühten und teilweise frustriert die Übungen absolvierten, kam der Lehrer zu mir und kommentierte das Geschehen. Er echauffierte sich erneut über die fehlenden Sportsachen und über die Ungeschicklichkeit und »Disziplinlosigkeit« der Schüler. Irgendwann kam er auch auf ihre Herkunft zu sprechen. Ich habe es noch genau im Ohr, wie er zu einem anderen Hospitanten sagte: »Die sind nicht beschulbar. Da, wo die herkommen, haben die keine Disziplin beigebracht bekommen.« Irgendwann reichte es mir, ich versuchte aber trotzdem diplomatisch zu bleiben. Ich wies vorsichtig darauf hin, dass diese Schüler ja erst seit Kurzem hier seien und nicht so aufgewachsen seien wie die in den Regelklassen. Vielleicht konnten sich ja noch nicht alle Sportsachen zulegen. Und vielleicht könnte man darüber einmal mit den Eltern beziehungsweise mit der Unterkunft, in der die Kinder wohnten, sprechen. Der Lehrer meinte daraufhin nur, dass sich eh nichts ändern würde, und im Übrigen sollte ich mich gefälligst raushalten. Also entfernte ich mich ein wenig von ihm und schaute weiter zu.

Plötzlich kamen mehrere Schüler von der anderen Hallenseite zu uns herübergerannt und schrien: »Wer von euch Scheiß-Asylanten hat mein Handy geklaut?« Einer drohte mit Prügel, wenn er seine Sachen nicht zurückbekäme. »Meine« Schülerinnen und Schüler waren völlig perplex und eingeschüchtert, manche verstanden die Situation gar nicht oder bekamen sichtlich Angst. Scheinbar war mehreren etwas geklaut worden, darunter Speicherkarten, Handys und Geld. Erst nach einer gefühlten Ewigkeit kam der Sportlehrer der älteren Jungs dazu und bat alle, sich zu beruhigen. »Unser« Lehrer beruhigte ebenfalls die aufgebrachte Klasse und versprach Aufklärung. Dann versammelte er sie in einem Kreis und erklärte: »Wir waren ja heute nicht allein in der Turnhalle. Diese Jungs sind in einer anderen Klasse und wurden beklaut, während sie Sport gemacht haben. Ich weiß nicht, wer die Sachen hat, aber ich schlage vor, wir machen eine kurze Pause: Falls jemand das gewesen ist, bekommt er gleich die Gelegenheit, in die Umkleidekabine zu gehen und die Sachen zurückzugeben. Dann ist alles gut. Falls die Sachen nicht gefunden werden oder auftauchen, rufen wir die Polizei.«

Ich verstand, dass er sich Mühe gab, die Angelegenheit möglichst konfliktlos zu klären. Gleichzeitig bemerkte ich eine zunehmende Verunsicherung und Angst bei den geflüchteten Schülern. »Polizei« ist ein heikles Stichwort, wenn man in einem Asylbewerberprozess steckt. Und so versuchte ich, auf Türkisch, mit meinem wenigen Kurdisch und mit Händen und Füßen zu erklären, dass sie keine Angst zu haben brauchten. Der Sportlehrer fuhr mich daraufhin an, ich solle mich nicht einmischen. Ich hatte Mühe, mich zurückzuhalten.

Auf einmal war die ganze Halle in Aufruhr, denn der Lehrer der bestohlenen Schüler hatte mittlerweile die Polizei verständigt und auf deren Anweisung alle Türen geschlossen, damit niemand rauskonnte. Das Problem: Es war noch ein dritter Kurs in der Turnhalle gewesen, hatte sie aber bereits verlassen, bevor der Diebstahl entdeckt wurde. Der Dieb war also vielleicht längst fort. Plötzlich gingen einige der älteren auf die geflüchteten Schüler los und drohten ihnen Schläge an, wenn sie die Beute nicht rausgäben. »Wir sind uns sicher, dass ihr das wart. Es sind immer die Asylanten, die haben schon mal was geklaut. Wartet nur ab, draußen gibt's Schläge!«

Ich konnte es nicht fassen, dass so offen Gewalt angedroht wurde und keiner der Lehrer dazwischenging. Ich stellte mich also vor »meine« Schüler und erklärte den anderen, wie voreilig ihre Beschuldigungen seien. Niemand würde hier irgendjemanden verprügeln, sonst bekämen sie große Probleme mit mir. Ich würde die Eltern anrufen. Daraufhin schrie mich der Lehrer an, ich würde selbst Probleme kriegen, weil ich mich schon wieder eingemischt hätte. Er werde mich beim Schulleiter melden und dafür sorgen, dass ich von der Schule fliege. Zwar ahnte ich, dass er einfach nur seinen Frust an mir ablassen wollte, aber das war mir in dem Moment egal. »Wir können gern zum Schulleiter gehen. Ihre rassistischen Parolen und wie Sie den Schülern Angst gemacht haben, habe ich aufgenommen. Ich habe eine Tonaufnahme, die werde ich ihm vorspielen.« In Wirklichkeit hatte ich gar nichts aufgenommen, sondern bluffte nur. Das Ende der Geschichte: Ich wurde rausgeschmissen. Es gab mehrere Gespräche. Der Schulleiter glaubte dem Sportlehrer alles und mir nichts. Zusätzlich warf er mir vor, die Hierarchie nicht beachtet und auf eigene Faust gehandelt zu haben. Ich gab ihm recht und versuchte zugleich, die Schwierigkeit der Lage zu erklären. Angesichts des Rassismus des Lehrers, der drohenden Schlägerei und der Angst der geflüchteten Schülerinnen und Schüler hätte ich mich solidarisch zeigen und dazwischengehen müssen. Doch weder wurden meine Argumente gehört, noch wurde der rassistische Vorfall als solcher ernst genommen, und so verließ ich die Schule. Als Folge davon musste ich sowohl das Praktikum wiederholen als auch das Vorbereitungsseminar, das sich über ein ganzes Semester erstreckte. Noch Monate danach war ich traurig und fühlte mich hilflos. Aber das war es mir wert gewesen.

Einige Zeit nach dem Vorfall nahm ich in Gießen an einer Demonstration gegen rechts teil, als mich zwei Frauen – beide Mitte vierzig – ansprachen. Sie wollten ihre Namen nicht nennen, sondern sagten nur, dass sie auf jener Gesamtschule in Wetzlar unterrichteten. »Wir haben Ihren Fall mitbekommen«, fing die eine an. »Der Sportlehrer ist bekannt für seine schwierige Art. Die Flüchtlingsklasse, bei der Sie hospitiert haben, hatte er nur widerwillig übernommen. Wir bedauern wirklich sehr, was Ihnen passiert ist. Ihr Fall hat ein Beben ausgelöst. Seit Sie weg sind, hat es etliche Krisengespräche gegeben, die Atmosphäre im Kollegium ist sehr angespannt. Sie müssen wissen: Unsere Schule versucht, ihr Image zu schützen. Dass Ihre Mentorin und andere Lehrer nicht zu Ihnen gehalten haben, hatte seinen Grund. Es war einfacher, Sie rauszuschmeißen, als sich mit einem großen, strukturellen Problem wie Rassismus bei uns an der Schule zu beschäftigen. Mehr können wir nicht sagen. Aber Sie können sicher sein: Was Sie getan haben, hat die Schule verändert. Machen Sie bitte weiter so!«

Ich weiß noch, dass ich sehr bewegt war. Im Nachhinein hatte ich doch noch Unterstützung erfahren. Dafür bin ich den beiden Lehrerinnen dankbar. Ich kann einfach nicht still bleiben, wenn ich Zeuge von Ungerechtigkeit werde – erst recht, wenn sie Menschen betrifft, die sich nicht wehren können oder nicht einmal die Situation begreifen. Ich spüre dann, wie es in mir brodelt. Und ich bin überzeugt: Wir sollten eingreifen, wenn es nottut – auch wenn wir dafür vielleicht einen Preis zahlen müssen. Der Sportlehrer zeigte mich später sogar noch an, weil er dachte, ich hätte seine Aussagen wirklich mitgeschnitten. Die Anzeige wurde fallen gelassen. Mein Fachpraktikum holte ich nach.

In den Tagen und Wochen danach habe ich mich oft gefragt, wieso ich so gehandelt habe. Wieso bin ich nicht still geblieben, habe nicht gewartet, sondern trotz mehrfacher Warnung eingegriffen? Es war klar, dass mir diese unmittelbare rassistische Diskriminierung des Lehrers nahegegangen ist. Auch war klar, dass mir die Solidarität mit den geflüchteten Schülern mehr bedeutete als die Einhaltung der Praktikumsregeln. Nach und nach verstand ich, dass es kein Widerspruch war, dass ich auf der einen Seite nach den Kölner Silvesterereignissen für verständnisvolle Gespräche mit besorgten Menschen geworben hatte und dass ich auf der anderen Seite angesichts rassistischer Äußerungen nicht geduldig und entspannt bleiben konnte, sondern mich eingemischt und mit Lehrern angelegt habe. Der Zusammenhang war ein anderer, und in der Schule war meine Solidarität gefordert. Diskriminierung und Rassismus waren jedenfalls Themen, die durch dieses Erlebnis, aber auch durch die politische Großwetterlage von nun an eine immer bedeutendere Rolle in meinem Leben spielen sollten.

Hotline für besorgte Bürger

Seit 2014 nahm ich wahr, wie in den sozialen Medien immer mehr Stimmung gegen Flüchtlinge gemacht wurde. Mit der zunehmenden Einwanderung geflüchteter Menschen stieg auch die Zahl derer, die, milde gesagt, zum Ausdruck brachten, dass sie Probleme damit hatten. Die Lage eskalierte zusehends: Rechtsextremisten feuerten im Juli 2015 Schüsse auf Asylbewerberheime ab, Einheimische organisierten Anti-Asyl-Demonstrationen und wehrten sich teils gewaltsam gegen neue Unterkünfte, Asylbewerber wurden tätlich angegriffen.[56] Viele fühlten sich an die rassistischen Pogrome in Hoyerswerda und Rostock Anfang der 1990er-Jahre erinnert. Die Berichte über flüchtlings- und islamfeindliche Vorfälle kamen mehrheitlich aus den östlichen Bundesländern. Immer öfter war die Rede von »Dunkeldeutschland«. Die vielen Berichte und Videos über Ausschreitungen im Osten machten mich betroffen. Und doch wehrte ich mich immer wieder gegen das Ost-Bashing, das auch in meinem Umfeld häufig zu hören war, denn es war im Grunde dasselbe, was ich umgekehrt bei Rechtspopulisten kritisierte: Sie lasen Artikel und sahen Videos über einige Vorfälle und Menschen und fällten gleich danach pauschale Urteile.

Gefühlt bestand unsere Gesellschaft aus zwei Lagern: Auf der einen Seite waren diejenigen, die eine offene Willkommenskultur vertraten. Sie zeigten sich hilfsbereit und verständnisvoll gegenüber Schutzsuchenden mit Fluchthintergrund. Sie engagierten sich besonders seit dem Sommer 2015 auf vielfältige Weise – sei es in Kleiderkammern von Flüchtlingsunterkünften oder indem sie die Geflüchteten bei Behördengängen oder bei der Wohnungs- und Arbeitssuche unterstützten. Sie gaben Deutschkurse, organisierten Erzählcafés oder nahmen selbst Geflüchtete bei sich zu Hause auf, um ihnen das Ankommen in Deutschland zu erleichtern und ihnen eine neue Heimat zu ermöglichen. Mich machte das stolz. Und angesichts der Geschichte meiner eigenen Familie berührte es mich. Das andere Lager sah das alles jedoch höchst kritisch und lehnte die Willkommenskultur ab. Diese Gruppe, die sich selbst häufig asylkritisch, »besorgt« oder »patriotisch« nannte, erhielt immer mehr Zulauf, was sich nicht zuletzt an den Teilnehmerzahlen bei rechten Demonstrationen und den Erfolgen der AfD bei Landtagswahlen zeigte.

Ich fragte mich, woher die Ablehnung kam. Warum und wovor hatten so viele Angst? Was konnte man gegen die Verbreitung von Vorurteilen und Feindbildern tun? Die Berichterstattung über »besorgte Bürger« beunruhigte mich zusehends. Von meiner Facebook-Aktion nach der Kölner Silvesternacht 2015/16 habe ich oben schon berichtet. Im Februar 2016 kursierte dann das sogenannte Clausnitz-Video in den Medien.[57] Es zeigt, wie aufgebrachte Bewohner/-innen des sächsischen Orts einen Reisebus mit Flüchtlingen blockieren, die in die dortige Aufnahmeeinrichtung gebracht werden sollten. Rund hundert Demonstranten rufen auf aggressive Weise Parolen wie »Wir sind das Volk«, »Verpisst euch« oder »Ab nach Hause«. Die Menschen im Bus sind sichtlich verängstigt. Ein kleiner Junge weint und klammert sich an seine Mutter, weil er nicht aus dem Bus rausmöchte. Dieses Video ließ mir endgültig keine Ruhe mehr. Wie hätte ich reagiert, wenn ich neben dieser bedrohlichen Menge gestanden hätte? Ich hatte keine Antwort.

Irgendwann merkte ich, dass eine andere Frage noch wichtiger war: Was konnte ich selbst tun, damit so etwas nicht mehr passierte? Noch konkreter: Wie konnte ich überhaupt mit Menschen, die ich kritisierte oder deren Meinung ich nicht teilte, umgehen? Wie konnte ich der aufgeladenen Stimmung entgegenwirken? Bei einer Recherche im Netz fand ich keine Initiativen oder Organisationen, die mir in diese Richtung zu gehen schienen. Ich stand mit meinen Fragen allein da und musste mich selbst auf die Suche nach Antworten begeben.

Schon lange habe ich Demonstrationen, Solidaritätskundgebungen und sonstige Aktionen gegen rechts unterstützt und dabei mitgemacht. Für mich stand außer Frage, dass Menschen sich positionieren und äußern können, wie sie wollen. Das ist Meinungsfreiheit, ein Recht, das ich sehr schätze. Mir wurde jedoch immer klarer, dass Meinungsfreiheit nur dann wirklich funktionieren kann, wenn ihr eine Bereitschaft zum direkten, offenen und natürlich gewaltfreien Austausch zugrunde liegt. So befremdlich, uneindeutig und mitunter bedrohlich ich viele Äußerungen der besorgten Menschen in Bautzen, Clausnitz, Freital und anderswo fand – wenn ich die Meinungsfreiheit ernst nehmen und gleichzeitig den offenen Austausch ermöglichen wollte, musste ich mit ihnen die Begegnung suchen. Und so beschloss ich, in die Orte zu fahren, die von sich reden gemacht hatten. Ich wollte mir selbst ein Bild machen.

Um die knapp einwöchige Reise zu finanzieren, nutzte ich zum ersten Mal Crowdfunding. In einem Video berichtete ich von meinem Vorhaben und bat um Spenden. Dank etlicher Unterstützer und Freunde konnte ich mich tatsächlich im März 2016 auf den Weg machen. So viel vorweg: Ich hatte danach immer noch viele Fragen, kehrte dafür aber auch mit tausend Eindrücken und zahlreichen neuen Erkenntnissen nach Hause zurück, zum Beispiel mit neuem Wissen über problematische Folgen der Wende. Ja, ich habe meine eigenen Schubladen neu sortiert und besorgte Bürger besser verstanden.

Pegida und der Schokohase

Die wohl wichtigste Station auf der Reise war mein Besuch einer Pegida-Demonstration in Dresden. Meine Versuche, mit einzelnen Teilnehmerinnen und Teilnehmern ins Gespräch zu kommen, waren zunächst weitgehend vergeblich. In der Regel erntete ich befremdete Blicke, hörte ein entschiedenes »Nein danke« oder wurde sogar mehrmals als »Lügenpresse« beschimpft. Bis mir irgendwann dämmerte, dass diese Reaktionen etwas mit der Kamera zu tun haben könnten, die ich in der Hand hielt. Mit den Bildern wollte ich später für meine Unterstützer und Freunde eine Dokumentation erstellen. Als ich deswegen nachfragte, bestätigte mir ein älterer Herr, er und die anderen fürchteten, bloßgestellt zu werden. Während sie sich für wichtige Themen einsetzten, würden Presseleute sie bloß vorführen wollen. Ich dankte ihm für diese Erklärung und packte die Kamera weg. Ohne sie wurde es mit der Kontaktaufnahme besser, insgesamt aber blieb sie immer noch eher zäh.

Und dann brachte mich ausgerechnet einer der Redner auf der Bühne auf eine Idee. Der Islam sei eine Gefahr, rief er, und wenn man nicht aufpasse, könne man bald weder Ostern noch andere christliche Bräuche mehr feiern. Beim Stichwort »Ostern« fiel mir ein, dass ich in meinem Rucksack einen Schoko-Osterhasen dabeihatte, was Süßes für zwischendurch. Ich kramte ihn hervor, aber statt ihn zu essen, hielt ich ihn gut sichtbar in der Hand. So banal das war, es veränderte die Situation auf verblüffende Weise. Als sie den Hasen sahen, warfen mir die Leute nun interessierte Blicke zu. Manche lachten mich an, andere lachten mich aus – in jedem Fall war die Aggression weg. Offenbar passte ich jetzt nicht mehr so eindeutig in ein wie auch immer geartetes Feindbild. Ich spazierte durch die Menge und hielt den wundersamen Hasen demonstrativ in die Höhe. Seinetwegen wurde ich jetzt selbst angesprochen, man fragte mich, woher ich käme oder woher ich den Osterhasen hätte. So konnte ich ganz selbstverständlich von meiner Reise und meinem Anliegen erzählen. Nahezu alle Gesprächspartner waren verblüfft, wollten mehr über mich wissen und mir ihre Sicht der Dinge erklären. Statt Fronten und Vorwürfen war nun auf einmal Raum für Neugier und Nettigkeiten. Der Osterhase war nicht nur ein Eisbrecher, sondern zeigte mir, dass ein gemeinsamer Nenner – und sei er noch so alltäglich und unscheinbar – gerade in einem heiklen Kontext wie diesem ein Gespräch in Gang setzen kann. Ohne den Osterhasen hätte ich nicht die langen und teilweise hitzigen Diskussionen führen können. Dass der Osterhase gar kein originär christliches Symbol ist, sondern bereits in anderen Mythologien auftritt – geschenkt.

Die Menschen, die ich traf, waren höchst unterschiedlich. Einige nahmen überhaupt zum ersten Mal an der Demo teil und waren keineswegs von allem überzeugt, was da in den Reden verkündet wurde. Manche waren gekommen, weil sie den Eindruck hatten, dass man hier ihre Sorgen – vor allem ihre Skepsis gegenüber der Einwanderung von Geflüchteten – teile, gesellschaftliche Entwicklungen diskutiere und sich darüber verbinden konnte. Freunde, Verwandte oder Arbeitskollegen würden sie wegen ihrer Kommentare immer nur in die rechte Ecke stellen und gar nicht mehr gesprächsbereit sein. Eine Frau erzählte mir, ihre Tochter ziehe bald zum Studieren in eine Großstadt. Sie war sichtlich beeindruckt von der Propaganda der Neurechten und verunsichert durch die Medienberichterstattung. Sie kritisierte das Frauenbild, das »die« Flüchtlinge hätten, und klagte darüber, dass nichts gegen Kriminalität und Gewalt getan werde. Ich hörte erst mal nur zu, obwohl es in mir brodelte. Irgendwann fragte ich sie, ob sie sich hätte vorstellen können, statt zu Pegida zu einer anderen Veranstaltung zu gehen. »Na klar«, sagte sie. »Ich weiß doch, dass es hier auch problematische Leute oder Neonazis gibt. Aber wo soll man denn sonst hingehen und was kritisieren?« Diese Frage löste in mir etwas aus und ließ mich auch nicht mehr los, als ich schließlich aufgekratzt von den vielen Eindrücken wieder nach Hause fuhr.

Migrant des Vertrauens

In den folgenden Monaten war ich noch mehrmals bei Pegida, um sozusagen den Gesprächsfaden weiterzuspinnen. Doch wegen meiner Univerpflichtungen konnte ich nicht ständig reisen, und außerdem wäre das ziemlich ins Geld gegangen. Schließlich kam mir eine Idee, wie ich kritischen, verunsicherten und skeptischen Menschen wie der eben erwähnten Frau eine Art Alternativangebot zu Pegida & Co. machen könnte. Im August 2016 kaufte ich mir ein zweites Telefon, verbreitete die Rufnummer in einschlägigen Facebook-Gruppen von rechtsgesinnten Menschen und bot an, dass man mich, den »Migranten des Vertrauens«, anonym anrufen könne. Das war keineswegs als Gag gedacht, sondern ernst gemeint. Anfangs meldeten sich nur wenige Anrufer, doch nachdem der WDR und *Spiegel Online* über meine Aktion berichtet hatten, stieg die Zahl der Anrufe rasant.[58] Ich bekam täglich Hunderte E-Mails von diversen besorgten Bürgern und Menschen, die mit mir telefonieren wollten. Einige dieser Gespräche finden sich in einem Buch wieder, das ich über das Projekt geschrieben habe.[59]

Damit ich nicht missverstanden werde: Mir ging es nie darum, das rassistische Gedankengut, das unter den Teilnehmern bei Pegida oder bei vergleichbaren Demonstrationen verbreitet war, zu relativieren. Ich wollte die Probleme nie kleinreden. Worum es mir ging und auch heute noch geht: Wie können wir toleranter und offener miteinander reden? Wenn ich sage, dass man die Wählerschaft einer Partei oder eine Gruppe von Demonstrierenden nicht pauschal abstempeln sollte, dann nur, weil ich wirklich ganz unterschiedliche Menschen kennengelernt habe. Manche waren reflektiert und freundlich, hatten aber einen ganz bestimmten Grund, weshalb sie dort teilnahmen. Andere schienen angesichts der Veränderungen in der Gesellschaft völlig überfordert zu sein. Sie vermischten große Themen wie Digitalisierung, Gendern, Klimaschutz und Flüchtlinge und waren im Grunde nur »Anti-«. Alle aber teilten das Gefühl, dass ihnen etwas weggenommen wird – nicht nur materielle Dinge, sondern auch Werte und ihre Vorstellungen davon, wie die Gesellschaft zu sein hat.

In Berichten über mein Bürgertelefon schrieben viele Medien den Ausdruck »besorgte Bürger« in Anführungsstrichen. Manche stellten noch ein »angebliche« oder »sogenannte« voran. Das war durchaus abwertend gemeint und machte die Sorgen lächerlich. Nach Hunderten Gesprächen und Dutzenden Begegnungen möchte ich aber sagen, dass es sehr wohl besorgte Bürger gibt – und dass es in Ordnung ist, diese Sorgen zu haben. Allerdings sind besorgte Bürger weder eine homogene Masse noch sehen ihre Sorgen gleich aus. So meldeten sich bei der Hotline auch Menschen, die sich zwar für Flüchtlinge und ihre Belange engagierten, dabei aber durch Missverständnisse und kulturelle Unterschiede verunsichert und irritiert wurden.

Immer wieder wurde und werde ich gefragt, wie man »diesen Bürgern« ihre Sorgen nehmen könne. Meiner Meinung nach ist das bereits der falsche Ansatz. Man nimmt jemandem die Sorgen nicht ab wie einen Hut, der einem nicht gefällt. Sorgen lassen sich kanalisieren, sie können geringer werden oder sich vielleicht sogar auflösen, aber all das braucht seine Zeit. Mir ging es nicht darum zu belehren, sondern auf Augenhöhe zu diskutieren. Man tauscht sich aus und versucht einander zu verstehen. Dabei entstehen jedes Mal neue Impulse zum Weiterdenken – auf beiden Seiten. Es gibt keine Garantie dafür, dass es in jedem Fall gelingt. Ich habe mir das von den Philosophen abgeschaut. Die diskutieren in der Regel nicht deswegen, um am Ende unbedingt recht zu behalten, sondern weil sie etwas besser verstehen wollen. Und indem sie mehr Fragen stellen, als sie Antworten geben können, bringen sie einander zum Nachdenken und beginnen auch sich selbst zu hinterfragen.

Die Hotline wurde in den ersten Monaten intensiv genutzt, und zwar nicht nur zu den Zeiten, die ich angegeben hatte, sondern nahezu immer. Irgendwann hatte ich zum Glück ein Team von Ehrenamtlichen, die sich die Anrufe mit mir teilten. Zu ihnen gehörte eine junge Studierende an der Gießener Universität. Sie hatte von der Hotline mitbekommen und mir ihre Hilfe angeboten. Nach ihrem ersten langen Telefonat schrieb sie mir, dass sie völlig fertig sei. Das Gespräch sei sehr intensiv gewesen. Am schwierigsten hätte sie die vielen Unterstellungen des Mannes gefunden und dass er sich offenbar gut vorbereitet hatte. Wie ich das denn auf Dauer aushielte? Ich sagte ihr, dass es mir auch nicht leichtfalle und jedes Mal Mut, Geduld und Wertschätzung abverlange.

Irgendwann flaute es ab. Die Anrufe kamen nur noch unregelmäßig. In manchen Wochen rief niemand an, und dann gab es wieder Tage mit gleich mehreren Telefonaten. Nach einem Jahr Hotline beschloss ich, nur noch auf Nachfrage die Anrufenden zu kontaktieren. In meinem Zugangskonto des Anbieters der 0800-Rufnummer konnte ich sehen, wer sich wann gemeldet hatte. Und wenn ich die Zeit hatte, rief ich zurück.

Immer wieder werde ich gefragt, was ich eigentlich mit der Hotline bezweckte. Ganz einfach: Ich wollte das Feld nicht den Radikalen überlassen! Ich finde es besser, wenn Menschen mit denen reden, die ihnen Sorgen bereiten, als mit denen, die sie aufwiegeln. Fast alle hatten sich vorher noch nie mit einem Menschen mit »Asylhintergrund« unterhalten. Vielen ging ein Licht auf, als sie mit mir statt über »Leute wie mich« gesprochen haben. Natürlich kamen auch Bemerkungen wie »Du bist aber anders« oder »Gegen solche wie dich haben wir ja nichts, aber ...«. Doch indem ich der abstrakten Masse von »Migranten« und »Flüchtlingen« quasi ein Gesicht gab und mit meiner Geschichte versuchte, Aspekte wie Integration, Asylprozess und Deutschsein exemplarisch zu beleuchten, konnte ich pauschalisierte Vorstellungen zumindest ein wenig auflösen.

Auch die Frage, wie man mit »Rechten« reden solle, bekomme ich seit der Hotline immer wieder gestellt. Erst einmal: Kommt ganz darauf an. Geht es um Politikerinnen und Politiker? Findet die Auseinandersetzung öffentlich statt? Wie viel Aufmerksamkeit erhält die Person oder die rechte Gruppe dabei? Oder geht es um eine private Auseinandersetzung? Je nach Kontext geht man anders mit seinem Gegenüber um, zumal es ja auch gar nicht *die* Rechten gibt. Mir ist aufgefallen, wie häufig einige Bezeichnungen beinahe synonym gebraucht werden: »Rechte«, »Rechtsextreme«, »Neonazis«, »Rassisten« und schließlich »besorgte Bürger«. Ich finde, wir sollten besser differenzieren. Man tut besorgten Bürgern jedenfalls unrecht, wenn man sie pauschal mit Neonazis in die stramm rechte Ecke stellt. Meine Erfahrung zeigt, dass wir andere oft zu schnell verurteilen, statt in einem offenen Austausch die eigentlichen Gründe für manchen plakativen Spruch herauszufinden.

Immer wieder zeigt sich: Es gibt viele Graustufen, viele

unterschiedliche Positionen zwischen den Extremen – und so sollten wir auch anerkennen, dass kein Mensch in ein Schwarz-Weiß-Schema passt. Es ist wichtig, die Schattierungen zu sehen und vorschnelle Urteile zu hinterfragen. Bei politischen Akteuren dagegen gehe ich davon aus, dass sie aus Kalkül handeln und die Dinge so meinen, wie sie es sagen, auch wenn sie häufig zurückrudern, nachdem sie für rassistische Äußerungen kritisiert wurden. Die Masche hat ja inzwischen System. Sobald wir aber Menschen, denen wir im Alltag, auf der Arbeit, an der Uni oder bei Freizeitaktivitäten begegnen, von Angesicht zu Angesicht sagen: »Du bist Rassist«, und nicht weiter erklären, was das Problem ist, geht es nicht mehr um Dialog, sondern nur um das Urteil. Das mag sogar berechtigt sein. Aber damit erreichen wir nichts. Eher verhärten wir die Fronten, schließen die Menschen aus und sorgen mit dafür, dass sie sich dann möglicherweise auf dubiosen Internetseiten zusammentun und den Demagogen auf den Leim gehen. Warum suchen wir nicht viel beharrlicher nach Wegen, die es ermöglichen – oder wenigstens wahrscheinlicher machen –, dass Menschen sich öffnen und ihre Einstellungen kritisch reflektieren?

Die Pegida-Erfahrung mit dem Schokohasen ist für mich ein Sinnbild für Wertschätzung und die Suche nach Gemeinsamkeiten. Auf dieser Basis kann man sich austauschen und beiderseits ein kritisches Nachdenken in Gang setzen. Mit der Hotline wollte ich zeigen, dass wir aus der gesellschaftlichen Kommunikationsstarre herauskommen können. Wir können miteinander reden – wenn die Rahmenbedingungen stimmen und der Wille da ist. Ein Telefonat ist nicht dasselbe wie eine persönliche Begegnung. Wenn wir wollen, dass Menschen lernen, mit Vielfalt und Veränderung umzugehen, brauchen wir viele Bürgertelefone. Noch mehr aber brauchen wir reale Orte der Begegnung, Orte, an de-

nen Wertschätzung, Gewaltfreiheit und klare Kommunikations-
regeln eine Streitkultur ermöglichen, die ihren Namen auch wirklich verdient.

VielRespektZentrum

Ich wollte schon immer mal einen Aufkleber machen mit dem
Spruch: »Ohne das Internet gäbe es mich nicht. Gezeichnet: ein
Aktivist«. Einerseits nehme ich mich damit selbst aufs Korn, andererseits bin ich überzeugt, dass da was dran ist. In unserer
vernetzten Welt können wir so leicht wie noch nie mit Gleichgesinnten in Kontakt treten, mit Menschen, mit denen wir uns
verbunden fühlen und gemeinsame Ziele teilen. Im Rahmen meines Engagements lerne ich immer wieder wunderbare Menschen
kennen, die mich auf ihre Weise inspirieren und ermutigen.
Reinhard Wiesemann ist so jemand. Auch unsere Freundschaft
und Zusammenarbeit begann über eine Kontaktaufnahme bei
Facebook.

Mit der von mir initiierten Hotline für besorgte Bürger war
ich 2017 für den Deutschen Integrationspreis der Hertie-Stiftung
nominiert worden. Wie alle Nominierten erstellte ich ein kurzes
Video[60], in dem ich meine bisherigen Projekte vorstellte. Gleichzeitig warb ich um Unterstützung für ein neues Projekt namens
»Migrant des Vertrauens«, mit dem ich mein Wissen und meine Erfahrungen mit der Hotline weitergeben wollte. Reinhard
entdeckte das Video auf der Webseite der Stiftung, und weil ihm
mein Ansatz gefiel, hat er für das neue Projekt gespendet. Doch
weil er mich auch persönlich kennenlernen wollte, lud er mich
kurz entschlossen via Facebook zu einem gemeinsamen Essen ein.
In jenem Sommer hatte ich keine laufenden Univeranstaltungen
mehr und war gerade von Gießen nach Berlin gezogen, weil ich

mich dort stärker gesellschaftspolitisch engagieren wollte. Ich gab Workshops, hielt Vorträge und machte Radiobeiträge für WDR COSMO, um mir meinen Lebensunterhalt zu verdienen.

Als ich Reinhard das erste Mal in Essen traf, verstanden wir uns auf Anhieb und stellten fest, dass wir mit unseren Ansichten weitgehend auf einer Wellenlänge lagen. Reinhard ist 1959 in Wuppertal geboren, wohnt seit 1994 in Essen und ist ein Unternehmer mit einer ausgeprägten sozialen Ader. Bereits im Alter von achtzehn Jahren gründete er eine Firma, die seither sehr erfolgreich Computertechnik entwickelt und produziert. 1999 zog er sich aus dem aktiven Geschäft zurück und fing an, großartige Projekte wie zum Beispiel das Unperfekthaus Essen ins Leben zu rufen. Dabei handelt es sich um ein Zentrum für Gründer, Künstler und Kreative, in dem teilweise über 1500 Menschen aus über 25 verschiedenen Ländern wirken. Und das direkt in der Essener Innenstadt. Ich hatte vorher noch nie so ein Haus gesehen und war beeindruckt. Der Name »Unperfekthaus« geht auf Reinhards Kindheit zurück. Schon sehr früh hatte er angefangen, zu löten, zu basteln und sich für Technik zu interessieren. Seine Eltern überließen ihm deshalb die Garage und sagten: Hier kannst du »unperfekt« sein, dich ausprobieren und deinem Hobby nachgehen. Viele Jahre später gründete er das Unperfekthaus, weil er auch anderen die Möglichkeit bieten wollte, sich ohne Druck in der Sache auszuprobieren, in der sie gut sind.

Bei meinem Besuch zeigte mir Reinhard noch ein anderes Haus, das nicht weit vom Unperfekthaus entfernt lag. Auch hier wollte er etwas auf die Beine stellen, ohne dass er eine konkrete Idee gehabt hätte. Vage schwebte ihm eine Art interkulturelles oder interreligiöses Zentrum vor, das den Austausch zwischen Menschen förderte. Als ich das hörte, sprang ich sofort darauf an. Das könnte doch genau so ein Ort sein, wie ich ihn nach der Hotline für besorgte Bürger im Sinn hatte! Wir konnten uns beide vorstellen, die Sache konkreter anzugehen. Für Reinhard war schnell ausgemacht, dass ich das Projekt leiten sollte. Ich war überwältigt von diesem Vertrauensvorschuss. Doch so aufregend und reizvoll ich die Vorstellung fand, so unsicher war ich zunächst, ob ich darauf eingehen sollte. Ich kannte niemanden in Essen und wusste ja auch noch gar nicht so genau, was das am Ende für ein Projekt werden würde.

Es vergingen einige Monate, ehe wir uns im Oktober 2017 erneut zusammensetzten. Was genau sollte in dem Haus passieren? Welchem Sinn und Zweck sollte es dienen? Bald war klar, dass die große Überschrift über dem Ganzen »Respekt« sein sollte. Für uns beide stand und steht Respekt für das, was wir uns für die Gesellschaft wünschen: Wertschätzung, Begegnung, Friedfertigkeit, Toleranz und Vielfalt. Der Name des Hauses war dann schnell gefunden: VielRespektZentrum.

Die Sache wurde also ernst, und ich musste mich entscheiden: Risiko gehen oder womöglich eine Chance verpassen? Eine Stimme in mir sagte: »Ich kann es probieren, und wenn es scheitert, dann werde ich viel gelernt haben.« Ja, ich wollte es machen. Eigentlich konnte ich nur gewinnen: Schließlich bekam ich die Gelegenheit, meine – und Reinhards – Vision zu verwirklichen. Also auf ins Abenteuer! Noch am selben Wochenende brach ich meine Zelte in Berlin ab und zog nach Essen, um gleich mit der Arbeit loszulegen. Reinhard gründete eigens eine gemeinnützige Stiftung, quasi als finanzieller Träger des Zentrums. Zunächst arbeitete ich ganz alleine, musste mich erst in der Stadt vernetzen und für das VielRespektZentrum werben. Bald aber stießen Ehrenamtliche dazu und boten mir ihre Hilfe an. Nach einem längeren Umbau eröffneten wir das Zentrum schließlich mit einem großen Festakt im Januar 2019.

»Dort treffen wir uns«

Eines meiner Lieblingszitate stammt von dem persischen Sufi-Mystiker Rumi: »Jenseits von richtig und falsch gibt es einen Ort. Dort treffen wir uns.« Es prangt ganz groß am Eingang des Viel-RespektZentrums, denn es bringt unser Anliegen auf den Punkt: Wir wollen einen Ort der Wertschätzung schaffen, einen Ort, der den gegenseitigen Respekt kultiviert und an dem Menschen lernen, wertschätzend miteinander auszukommen. Das schließt Meinungsverschiedenheiten und Streit ausdrücklich mit ein.

Mit dem Zentrum will ich herausfinden, was unsere Gesellschaft friedlich zusammenhält und was Menschen brauchen, damit sie einander auf Augenhöhe begegnen. Das VielRespektZentrum ist für mich sozusagen die Gesellschaft im Kleinen. Was ist nötig, damit unterschiedlich denkende Gruppen gut miteinander zurechtkommen? Welche Kompetenzen brauchen wir dafür? Wie schaffen wir es, dass sich Menschen aufeinander einlassen, die normalerweise kaum je miteinander zu tun haben und die vielleicht sogar unvereinbare Meinungen vertreten?

Wir vom VielRespektZentrum versuchen, Vielfalt und Respekt auf dreierlei Weise zu fördern. Zum einen organisieren mein Team und ich Aktionen, Projekte und Veranstaltungen wie Lesungen, Konzerte und Feste. Da ich den bürokratischen Aufwand so klein wie möglich halte, können »unsere« Ehrenamtlichen direkt loslegen und im Namen des Zentrums eigene Projekte anstoßen. Beispielsweise haben Engagierte des VielRespektZentrums am 23. Mai 2019 den 70. Geburtstag des Grundgesetzes gefeiert. In unserem hauseigenen Videostudio zeichne ich meine eigene Late Night Show namens *Alimania* auf. Mit jeweils einem Gast diskutiere ich über gesellschaftlichen Zusammenhalt, Integration und Themen rund um Demokratie. Der Soziologe Aladin

El-Mafaalani und die Kolumnistin und Autorin Ferda Ataman haben den Anfang gemacht.[61]

Zweitens stellen wir Räumlichkeiten des Zentrums überwiegend kostenlos allen zur Verfügung, die sich im Sinne unserer Idee engagieren. Das sind nicht nur Einzelpersonen, sondern auch Institutionen, Behörden und sonstige Organisationen. Vor allem Vereine und Gruppen nutzen unsere Seminarräume für ihre Treffen. Parteien und religiöse Verbände müssen jedoch zahlen, weil wir überparteilich und überkonfessionell sind. Wer immer die Räumlichkeiten nutzt, verpflichtet sich (auch schriftlich), sich im Sinne des Zentrums zu verhalten.

Und drittens steht das VielRespektZentrum täglich allen offen, die einfach mal reinschnuppern möchten oder offen dafür sind, in einem geschützten Rahmen Menschen zu begegnen, mit denen sie im Alltag sonst eher nicht in Kontakt kämen. Wie sieht das konkret aus? Alle Besucher gehen durch das lichte Foyer, wo man gegen eine kleine Spende Kaffee und Softgetränke erhält und es sich gemütlich machen kann. Darüber hinaus gibt es verschiedene Räume, die unterschiedlichen Themen gewidmet sind und ausdrücklich ein möglichst bunt gemischtes Publikum ansprechen sollen. Beispielsweise haben wir einen Raum der Stille. Dort können Menschen meditieren, beten, einfach mal zur Ruhe kommen oder ein Buch lesen. Stille ist eine Sprache, die alle Menschen sprechen können – und sollten. Ich gehe dort selbst gerne meditieren, um den Kopf klar zu kriegen und in den Körper hineinzuhören. Durch bewusstes Ein- und Ausatmen entschleunige ich und unterbreche den Gedankenstrom, den wir alle stets haben und kaum wahrnehmen.

Neben dem Raum der Stille gibt es einen sogenannten Snoezelenraum. Das Konzept stammt aus Holland und ist in unserer Version ein gemütlich eingerichteter Ort für Entspannung und neue Anregungen. »Snoezelen« ist eine Kombination der niederländischen Verben »snuffelen« (kuscheln) und »doezelen« (dösen). Vor allem die verschiedenen Sinne sollen angesprochen werden. Hier kann man wohltuende Licht- und Klangeffekte einstellen und mit einem Aromadiffuser seinen Lieblingsduft im Raum verteilen. Hier halten sich Menschen für eine längere Zeit auf, führen tiefgründige Gespräche oder erholen ihre Sinne. Wir achten viel zu selten darauf, in welchem Rahmen wir über gewisse Inhalte sprechen. Der Snoezelenraum fördert auf seine Weise eine facettenreiche Streitkultur.

Dann gibt es einen muslimischen Gebetsraum. Das hat drei Gründe: Zum einen existiert bisher in der gesamten Essener Innenstadt kein öffentlicher Raum, an dem Muslime ihre Gebete verrichten können. Zum andern leben und arbeiten viele Muslime in der nördlichen Innenstadt, wo das VielRespektZentrum gelegen ist. Und schließlich setzen wir ein Zeichen gegen die wachsende Islamfeindlichkeit in der Gesellschaft. Wir möchten, dass die Menschen nicht *über* Muslime reden, sondern *mit* ihnen.

Für den Gebetsraum besteht keine Kooperation mit einer Moschee, einem muslimischen Verein oder einem Imam. Er steht immer allen offen, auch denjenigen, die aus Neugier nur mal reinschauen wollen. Damit verbunden ist die Hoffnung, niederschwellige Begegnungen zwischen Muslimen und Nichtmuslimen zu ermöglichen, die dann vielleicht dazu beitragen, Ressentiments und Berührungsängste abzubauen.

Weil alle Themenräume nebeneinanderliegen, laufen sich automatisch die unterschiedlichsten Besucherinnen und Besucher über den Weg. So treffen geflüchtete Muslime, die erst seit Kurzem in Deutschland leben und wegen des Gebetsraumes ins Zentrum kommen, durchaus mal auf Gruppen, denen sie in ihrem Herkunftsland eher nicht begegnet wären, etwa Schwulen,

Lesben und Transgender. Vielfalt bedeutet schließlich auch, die große Bandbreite an Lebensstilen in unserer Gesellschaft zu akzeptieren. Menschen, die sich als LGBTQIA+* bezeichnen, können ihre sexuelle Orientierung bekanntlich in Ländern wie Saudi-Arabien, Syrien, Afghanistan, Irak und Eritrea nicht offen ausleben, ohne ein erhebliches Risiko einzugehen. Deshalb sind sie dort quasi unsichtbar. In Deutschland dagegen gibt es inzwischen die Ehe für alle, und gleichgeschlechtliche Paare, die händchenhaltend spazieren gehen, sind keine Seltenheit mehr. Im VielRespektZentrum begegnen diese Gruppen einander, und sei es nur für einen kurzen Augenkontakt. Und vielleicht entsteht aus diesen Augenblicken ja nach und nach mehr.

Wie schon bei der Hotline für besorgte Bürger stelle ich auch im VielRespektZentrum fest, wie sehr sich die meisten von uns nach Austausch sehnen. Ich bin ziemlich sicher, dass genau deshalb immer wieder Menschen vorbeikommen, weil sie mit meinem Team oder anderen Besuchern über Politik, Kultur und Religion reden möchten. Ich freue mich darüber, auch wenn es nicht immer einfach ist, die nötige Zeit und Aufmerksamkeit aufzubringen. Andererseits will und soll das Zentrum ja genau den Raum und die Atmosphäre für einen »gepflegten«, offenen Dialog bieten. Erfreulich oft kommen die Besucherinnen und Besucher dann auch ganz ohne unser aktives Zutun untereinander in lebhafte Gespräche. Was will man mehr?

Niemand von uns erweitert seinen Horizont, wenn er oder sie sich abgelehnt oder nicht ernst genommen fühlt. Im VielRespektZentrum versuchen wir die Haltung einer *respektvollen Distanz* zu vermitteln. Niemand ist gezwungen, alles gut zu fin-

---

*LGBTQIA+ steht für: Lesbians, Gays, Bi-, Trans-, Queer, Inter-, Asexual und + steht für alle weiteren diversen Menschen, die sich über die genannten Kategorien nicht identifizieren können.

den oder sämtliche Überzeugungen und Denkweisen anderer zu teilen. Maßgeblich ist vielmehr die freiheitlich-demokratische Grundordnung, weil sie unseren Grundkonsens an Werten und Überzeugungen formuliert, etwa dass Männer und Frauen gleichberechtigt sind oder dass jede und jeder seine Meinung frei äußern kann. Nicht umsonst haben wir mehrere Artikel aus dem Grundgesetz als gut sichtbare Schriftzüge auf den Außenwänden des Zentrums angebracht. Wer immer unsere Räumlichkeiten betritt, weiß so, welche Grundwerte hier gelten und zu akzeptieren sind. Das Grundgesetz ist eine große Errungenschaft – und doch reicht die Zusicherung demokratischer Rechte allein nicht aus. Diese Rechte müssen auch im Miteinander geübt werden. Das VielRespektZentrum ist genau so ein Übungsraum, ein Raum, in dem Menschen lernen, sich auf der Basis klarer Regeln zu begegnen und miteinander zu streiten.

Manche Besucher/-innen haben mich gefragt, wie sie selbst ein VielRespektZentrum oder ein ähnliches Projekt in ihrer Stadt aufbauen könnten und ob ich sie dabei unterstützen würde. Natürlich kann ich nicht mit finanziellen Ressourcen dienen, aber ich bin jederzeit bereit, mich mit meinen Erfahrungen einzubringen. Orte wie das VielRespektZentrum, Orte der Begegnung, an denen wir Vielfalt auf wertschätzende Art erfahren und respektvolles Miteinander üben, braucht es mehr denn je.

7 Woher kommst du?
Eine Frage und ihre Tücken

Am 21. Juni 2019 besuchte mich die Journalistin und *Spiegel Online*-Kolumnistin Ferda Ataman im Essener VielRespekt-Zentrum. Am Nachmittag drehten wir eine Folge für meine Internetshow *Alimania*, und am Abend las sie aus ihrem Buch *Hört auf zu fragen! Ich bin von hier.* In ihrer Streitschrift fordert sie, dass Zugehörigkeit und Deutschsein nicht mehr über das Aussehen oder den Namen definiert werden. So wie der Titel des Buches erahnen lässt, will sie nicht gefragt werden, woher sie denn komme, weil Deutschland ihre »Heimat« und sie »von hier« sei.

Das anschließende Publikumsgespräch entwickelte sich zu einer sehr lebhaften Diskussion. Einige fanden die Frage nach dem Woher völlig unproblematisch. Andere konnten Ferda Atamans Sichtweise nicht ganz nachvollziehen, weil sie Menschen prinzipiell fragten, woher sie kämen, und dies als Zeichen von Interesse verstünden. Wieder andere – vornehmlich Deutsche ohne Migrationshintergrund – fühlten sich sogar leicht vor den Kopf gestoßen, weil ihre neugierige Art, Menschen nach der Herkunft zu fragen, als ausgrenzend hingestellt worden sei.

Atamans Buch ist in einer Zeit erschienen, in der die Frage »Woher kommst du?« immer häufiger kontrovers diskutiert wird – in Artikeln, Büchern und im Fernsehen. Die Diskussion führt unvermeidlich zu den Themen Zugehörigkeit, Identität,

175

Deutschsein und Heimat. Es geht also um mehr als nur um die bloße »Woher-Frage«, wie ich sie im Folgenden der Einfachheit halber nennen möchte. Es geht um den Kern der Debatte, und der Streit über das »Woher kommst du?« bringt die gesamte Problematik ziemlich gut auf den Punkt. Gerade weil die Woher-Frage so kontrovers diskutiert wird, möchte ich einen Beitrag zur Verständigung zwischen den unterschiedlichen Positionen leisten.

Where are you from? Harmlose und weniger harmlose Woher-Fragen

Februar 2019. Gegenüber der Anlegestelle von Koh Samui hatte ich mich in eine Bar gesetzt. Die thailändische Insel, auf der ich vor wenigen Stunden gelandet war, hat sich zu einem Magneten für Touristen aus aller Welt entwickelt. An diesem lauen Abend war ich jedoch der einzige Gast in der Bar. Hinter der Theke saß ein einsamer Barkeeper im Poloshirt und aß gedankenverloren einen Teller Reis. Als er aufschaute, lächelte ich ihm zu. Er eilte an meinen Tisch und begrüßte mich enthusiastisch mit »Hello Sir!«. Da ich nicht wusste, was ich bestellen sollte, wählte ich das einzige mir bekannte Getränk auf der Karte, ein niederländisches Bier. Innerlich musste ich über mich lachen: Da fliegt man in ferne, unbekannte Länder und sucht bei der ersten Gelegenheit Zuflucht zu etwas möglichst Vertrautem.

Der Barkeeper kehrte mit meinem Bier zurück und fragte mich: »Where are you from?« Ich prostete ihm zu und rief dabei selbstverständlich: »Germany!« Er schien im ersten Moment überrascht. »Ah yes, Germany!« Doch schnell besann er sich und nickte routiniert. In seinem Kopf schien er etwas gefunden zu haben, das ihm half, mich in die richtige Schublade einzusortieren: »Yes. Germans drink a lot of beer.«

Kurz überlegte ich, ob ich diesem Klischee widersprechen sollte, aber ich wollte dem Mann nicht gleich auf die Füße treten und eine Meta-Debatte über Stereotype anzetteln. Deshalb pflichtete ich ihm diplomatisch bei: »Yes. In Germany, beer is not unusual.« Er verstand die doppelte Verneinung nicht, also versuchte ich es noch einmal mit: »Yes, many Germans drink a lot of beer.« Dazu nahm ich demonstrativ einen langen Zug aus meiner Flasche. Das verstand er.

Als er wieder hinter der Theke verschwand, überlegte ich, ob er mir auch ohne das Bier in der Hand geglaubt hätte, dass ich Deutscher sei. Aber wahrscheinlich hätte er, der vom Tourismus lebte, mir sowieso alles bestätigt, was ich hören wollte. Hätte ich mich als Italiener ausgegeben, hätte er wohl ebenso verständig genickt und gesagt: »Yes, Italians drink a lot of beer.«

Mit seiner Frage »Woher kommst du?« hatte der Barkeeper einen Gedankenprozess in mir in Gang gesetzt. Dass er »Deutschland« umstandslos als Antwort akzeptiert hatte, fühlte sich gut an. Während ich durch die Straßen von Koh Samui schlenderte, beschäftigte mich die Frage, wo und wann ich sonst ohne Irritation und zweifelnde Nachfrage als Deutscher erkannt und akzeptiert worden war. Mir fielen auf Anhieb keine Situationen ein, vermutlich auch, weil ich mich an solch positive Gespräche prinzipiell schlechter erinnern konnte als an die irritierenden und unschönen Auseinandersetzungen. Abgesehen von einigen Begegnungen auf Konferenzen und bei Podiumsdiskussionen, an denen Menschen mit einer ähnlichen Haltung teilnahmen, war die Begegnung in der Bar eine der wenigen derartigen Situationen gewesen. Dass »Deutschland« als Antwort auf die Woher-Frage selbstverständlich akzeptiert wurde, war jedenfalls eine angenehme Erfahrung und vermittelte mir ein Gefühl von Zugehörigkeit zu dem Land, aus dem ich komme.

Deshalb ist es vielleicht verständlich, warum ich die Woher-Frage in Koh Samui als so entspannend empfunden habe. Sie hat mich nicht so wie sonst gestört. Wenn ich die Frage in einer Bar in Thailand gestellt bekomme, wo alle Gäste von überallher kommen, ist sie allein aus diesem Grund gerechtfertigt und hat nichts mit meinem Aussehen und vermeintlichen Anderssein zu tun. Der Kontext ist einfach ein anderer, als wenn mich ein Nachbar oder Arbeitskollege an meinem deutschen Wohnort fragt. Im ersten Fall steht die Frage für freundliche Aufmerksamkeit, dort aber, wo ich aufgewachsen bin und lebe, bin ich kein Tourist, der für ein paar Wochen ein fremdes Land besucht, um dann wieder abzureisen. Doch genauso fühlt es sich für mich häufig an, wenn ich in meiner Heimat die Woher-Frage gestellt bekomme.

Über die Aufmerksamkeit des thailändischen Barkeepers habe ich mich gefreut. Er hat seine Funktion als »Gastgeber« erfüllt, indem er Small Talk betrieben und dabei auf gängige Floskeln zurückgegriffen hat. In meiner Rolle als Gast habe ich das gern aufgenommen. Wie in meinem Beispiel kann es sogar vorkommen, dass sowohl der Fragende als auch der Befragte fremd an dem Ort ihrer Begegnung sind. So habe ich von manchen Kellnern in meinem Urlaub auf der Insel Koh Phangan erfahren, dass sie aus Myanmar oder Kambodscha stammten. Sie seien nur zum Arbeiten auf der Insel. Sobald der Monsun einsetze, wollten sie weiterziehen. Zukunft ungewiss. Im Grunde waren also wir beide Reisende in einem Transitraum. Unter diesen Umständen ist die Woher-Frage weitgehend unproblematisch.

In Deutschland verläuft der Small Talk oft ganz anders. Auf die Woher-Frage folgen nicht selten weitere, ähnliche Fragen, wie zum Beispiel: »Bist du hier geboren?«, »Seit wann lebst du in Deutschland?«, »Wie findest du es hier?«. Oder Bemerkungen wie: »Du sprichst aber gut Deutsch.« An dem Ort, an dem ich arbeite, in der Stadt, in der ich wohne, oder in meinem Kiez, in dem ich zum Bäcker gehe, empfinde ich solche Fragen als unangebracht, zumindest wenn sie mir zu Beginn eines Gesprächs gestellt werden. Noch nie habe ich erlebt, dass jemand aus meiner deutschen Peergroup ohne Migrationshintergrund im Alltag diese Fragen und Sprüche zu hören bekam. Kann es sein, dass von Menschen, die Olga, Thu Phuong, Thabo oder Mohamad heißen, grundsätzlich keine »deutsche« Biografie erwartet wird?

Durch die vielen Beiträge zu #MeTwo in den sozialen Medien ist mir noch einmal bewusst geworden, dass Begegnungen und Kennenlerngespräche zwischen Deutschen mit und ohne sichtbaren Migrationshintergrund häufig asymmetrisch verlaufen. Das sieht dann beispielsweise so aus:

Person A ohne Migrationshintergrund: Woher kommen Sie?
Person B mit Migrationshintergrund: Ich komme aus Köln.
Person A: Aha, und woher kommen Sie ursprünglich?

Person B hätte auf die erste Frage antworten können, auf welcher Rheinseite sie vorher gelebt hat oder dass sie in Wuppertal aufgewachsen sei. *Das* hat Person A aber nicht gemeint, und so fragt sie nach dem vermeintlich »ursprünglichen« Ort, von dem Person B »wirklich« herkommt. Diese nachgeschobene »Ursprungsfrage« kennen Menschen mit sichtbarem Migrationshintergrund nur zu gut. Auch wenn sie darauf antworten, sie kämen aus Deutschland, seien hier aufgewachsen und lebten schon lange hier – gegen das offenbar dringende Bedürfnis des Gegenübers, sie mit irgendeinem »Ausland« in Verbindung zu bringen, können sie selten etwas ausrichten. Und so werden sie in solchen Situationen immer wieder in eine migrantische Rolle gedrängt – sie werden »migrantisiert«. Man könnte fast meinen,

Leute wie Person A hätten ein Anrecht darauf, Deutsche mit Migrationshintergrund nach ihrer »ursprünglichen« Herkunft zu fragen. Aber das stimmt nicht. Was immer ihr Motiv dabei ist – einen Anspruch auf eine Antwort haben sie nicht.

Ich verstehe ja, dass es unter bestimmten Umständen sinnvoll sein kann, Menschen einzuordnen, etwa wenn das Statistische Bundesamt Definitionen und Kategorisierungen nutzt, um Menschen mit Migrationshintergrund oder Schutzsuchende zählen zu können. Und wenn eine Schulmensa wissen möchte, wie viele muslimische Kinder ungefähr auf die Schule gehen, damit sie ein entsprechendes Essensangebot bereitstellen kann, so ist das löblich. Im Alltag jedoch können solche Kategorisierungen den Eindruck erwecken, wir hätten wenig gemeinsam. Ganz abgesehen davon sind sie meist sehr statisch und lassen keine Entwicklung zu. Niemand von uns passt dauerhaft in ein und dieselbe Schublade. Wenn überhaupt.

Dass die Woher-Frage so häufig gestellt wird, zeigt mir, dass es vielfach noch an Sensibilität für die Erfahrungen und Gefühle von Menschen mit Migrationshintergrund fehlt. Das musste auch die zu dem Zeitpunkt fünfjährige Melissa erfahren, als sie bei der Castingshow *Das Supertalent* auftrat. Hier wurde deutlich, wie schwierig die Durchsetzung des eigenen Herkunftsverständnisses sein kann, wenn die fragende Person einen konstant verunsichert. In der am 24. November 2018 gesendeten Folge konfrontierte Dieter Bohlen die junge Bewerberin noch vor ihrer Darbietung sowohl mit der Woher-Frage als auch mit der Ursprungs-Frage. Hier der Dialog im Wortlaut[62]:

(Melissa kommt auf die Bühne, Publikum applaudiert.)
Melissa: Hallo. *(Publikum hört auf zu applaudieren.)* Hallo, ich heiße Melissa.

Bohlen: Hallo Melissa! Du siehst aber hübsch aus!

Melissa: Danke schön.

Bohlen: Woher kommt die Melissa?

Melissa: Herne.

Bohlen: Und Mama und Papa, wo kommt ihr her, Philippinen? Oder?

Melissa (irritiert, antwortet aber entschieden und auf Anhieb): Nein! Die kommt, die ist auch in Herne!

Bohlen: Kommt ihr irgendwie, wo kommt ihr her? Aus welchem Land? Gebürtig?

Melissa (sichtlich eingeschüchtert, mit einer leisen Stimme): Ich weiß es nicht.

Bohlen: Oma und Opa oder so? *(blickt auf die Seitenbühne, fragt Melissas Mutter)* Bist du die Mama?

Melissas Mutter: Ja.

Bohlen: Wo kommt ihr her?

Melissas Mutter: Ich komme aus Thailand.

Bohlen: Ah, Thailand. Okay, da bin ich auch bald. Ähm. Ist ein schönes Land. Ja. *(blickt wieder rüber zu Melissa)* Wie alt bist du, fünf oder sechs?

(...)

Dieser Dialog löste eine Diskussion in den sozialen Medien aus, nachdem der Journalist Malcolm Ohanwe den betreffenden Ausschnitt der Sendung auf Twitter gepostet und dazu Folgendes geschrieben hatte: »Dieter Bruder, sie hat Dir drei mal gesagt dass sie aus Herne ist und du überforderst das Mädel mit der Einwanderungsgeschichte ihrer Großeltern.«[63] Unter dem Video, das auch andere Twitter-User mit derselben Kritik teilten – Bohlen würde dem Kind einreden, dass es nicht deutsch sein könne –, antwortete eine Frau auf die Ausgrenzungsvorwürfe:

Es ist bestimmt keiner ein Rassist, der eine Frau mit Migrationshintergrund heiratet. Seine Frau hat Lybische Wurzeln! Ich bin z. B. Griechin und hinterfrage auch gerne das Herkunftsland. Zeugt von Interesse.[64]

Bohlens Ehefrau hat tatsächlich einen Migrationshintergrund. Doch wer sagt, dass jemand, der eine Frau mit Migrationshintergrund geheiratet hat, nicht trotzdem rassistische oder ausgrenzende Gedanken hegen kann? Nach dieser Logik könnte kein Mann ein Sexist sein, nur weil er mit einer Frau verheiratet ist.

Andere Bohlen-Verteidiger fanden, dass Melissa sehr asiatisch aussehe, weswegen es normal sei, dass er fragte. Nun, Melissa stellte sich selbstbewusst und auf Deutsch vor, und man hätte deshalb sehr wohl ahnen können, dass sie in Deutschland geboren ist. Andererseits trug sie eine besonders prunkvolle Tracht, die irgendwie »asiatisch« aussah. Tatsächlich führte sie anschließend einen traditionellen Tanz zu einem definitiv nicht deutschen Song auf. Insofern hatte Dieter Bohlen durchaus unterschiedliche Beweggründe, über ihre Herkunft nachzudenken.

Die Woher-Frage zu Beginn eines Castings zu stellen ist Teil des Business. Als Juror muss man schließlich die Bewerberinnen und Bewerber dem Publikum vorstellen. So gesehen ist es nicht ausgrenzend zu fragen, woher jemand kommt, weil auch anderen Bewerbern, die teilweise aus Amerika, Kanada oder England stammen, diese Frage gestellt wird. Wo liegt also das Problem? Anders als etwa die Bewerber aus England, die auch meist Englisch sprachen und keine deutsche Stadt als ihren »Wohnort« nannten, war bei Melissa klar, dass sie aus Herne kommt und im Ruhrgebiet aufgewachsen ist. Dort ist ihr Zuhause, und das hat sie im Gespräch mehrmals betont. Trotzdem wurde immer weiter nachgefragt, was sie sehr verunsichert hat.

Hätte Melissa blonde Haare gehabt und hätte es in den Augen Bohlens keinen Hinweis auf einen Migrationshintergrund gegeben, wäre ihr der unangenehme Dialog erspart geblieben. Dann wäre Bohlen vielleicht viel eher auf ihr Alter eingegangen, hätte gefragt, ob sie noch in den Kindergarten geht, oder hätte früher den Namen des süßen Schafes wissen wollen, das Melissa in ihren Händen hielt. All diese Fragen kamen aber erst nach der Woher-Frage, und Bohlen gab sich erst mit der Antwort zufrieden, als alles schön in der Schublade verstaut war.

Die Frage »Wo kommst du *ursprünglich* her?« ist ein typischer #MeTwo-Moment. Wir alle würden liebend gerne der damit verbundenen Migrantisierung entgehen. Veranstalter, Lehrerinnen und Lehrer oder Führungsleute von Organisationen glauben manchmal, dass es nett sei, jemanden aufgrund seines Migrationshintergrunds zu loben. Dabei kommen sie gar nicht auf die Idee, die betroffene Person könnte das vielleicht als unangenehm oder unangebracht empfinden. Ein Beispiel: Biologie, 6. Klasse, Sexualkundeunterricht. Mein Lehrer erklärt auf dem Tageslichtprojektor den Penis und versichert sich bei mir – vor allen anderen Schülern –, dass die Vorhaut bei Moslems beschnitten sei. Ich, rot wie eine Tomate, bestätige das. Nun, der Lehrer meinte es nicht böse und dachte wohl einfach, dass ich aufgrund meiner vermeintlichen Herkunft und Religion doch bestimmt über diese Dinge Bescheid wüsste – ein eher unbeholfener Versuch, mich einzubeziehen. Auch andere Lehrkräfte meinten, ich müsste aufgrund meiner Herkunft über gewisse Themen Bescheid wissen.

Ziemlich bizarr war auch folgender sehr kurzer Dialog an der Uni: Nach einem Seminar – meine Kommilitonen hatten den

Seminarraum schon verlassen – stellte mir der Dozent völlig unvermittelt die Woher-Frage. Nach kurzem Zögern antwortete ich einfach »Türkei«. Es war eine intuitive Reaktion von mir. Irgendwie war mir klar, dass der Dozent nicht hören wollte, dass ich in Gießen wohnte oder die ersten dreizehn Jahre meines Lebens in Warendorf gelebt hatte. Ich wollte den in der Hierarchie höher stehenden Dozenten nicht irritieren und nicht negativ auffallen. Er hat dann einfach genickt und nichts weiter gesagt.

Als ich im Erwachsenenalter die ersten Male auf die Woher-Frage explizit eine deutsche Stadt nannte, hat mich das einigen Mut gekostet. Und das ging logischerweise nicht nur mir so. Ein Freund von mir, der ein Volontariat bei einem öffentlich-rechtlichen Sender machte, erzählte mir einmal, er hätte auf die Woher-Frage eines seiner Chefs am liebsten geantwortet: »Ich komme aus München.« Doch aus Angst, seine Antwort könnte frech rüberkommen, ließ er es lieber bleiben. Stattdessen erzählte er, wo seine Eltern geboren seien. Weil er davor schon einige unangenehme Sprüche aus der Kollegenschaft zu hören bekommen hatte, war er vorsichtiger geworden. Ich finde es nachvollziehbar, dass er, um seine Ausbildung gut über die Bühne zu bringen, nachgegeben hat.

Als ich im Herbst 2018, also zwei Monate nach #MeTwo, von einigen Bekannten und Freunden mit einer ähnlichen Migrationsbiografie wissen wollte, wie sie mit der Woher-Frage und den entsprechenden Anschlussfragen umgingen, antworteten die meisten in etwa: »Wenn ich sage, dass ich ein Deutscher bin, glaubt man mir doch nicht. Die da draußen beanspruchen das Deutschsein für sich! Wenn Menschen mich fragen, wo ich gebürtig herkomme, und ich sage beispielsweise ›aus Freiburg‹, dann wird so lange nachgebohrt, bis ich endlich einen konkreten Bezug zu etwas Ausländischem erzähle.« Sie spüren einen gewissen

Druck, wenn sie nicht in vorgegebene Schubladen passen, und geben dann der Einfachheit halber nach.

Vielleicht mag mancher es überzogen und pingelig finden, wie ich diesen Woher-Komplex auseinandernehme. Ich gehe aber so ausführlich darauf ein, weil es immer wieder Situationen gibt – bei meinen Verwandten erlebe ich das noch heute –, in denen wir uns durch die Woher-Frage eingeschüchtert fühlen und doch anders reagieren sollten. Die Auseinandersetzung mit der Woher-Frage ist notwendig, weil sie uns zum Überdenken unserer Verhaltensweisen auffordert.

Das Ziel muss es sein, dass sich Menschen auf Augenhöhe begegnen. Wenn jemand sich das Recht herausnimmt und eine andere Person nach ihrer Herkunft, Heimat oder Zugehörigkeit fragt, dann hat diese Person ihrerseits das Recht zu entscheiden, ob beziehungsweise was sie antworten möchte. Das gilt es erst einmal zu akzeptieren. In Vorträgen, zu Hause bei meinen Verwandten oder in Workshops betone ich deshalb immer wieder, dass nicht der Fragende bestimmt, wie die Unterhaltung abläuft. Wir – diejenigen, die einen Migrationshintergrund haben – müssen die Unterhaltung selbstbewusst mitgestalten. Wir können und sollen Herkunftsfragen so handhaben, dass auch wir uns damit wohlfühlen.

Ich bin ein großer Verfechter davon, in solchen Momenten das individuelle Gespräch und den Austausch zu suchen, weiß aber, dass man manchmal einfach keine Lust darauf hat. In einer solchen Situation könnte man beispielsweise sagen, dass man nicht darüber reden möchte, weil man diese Frage schon so häufig beantwortet und keine Lust mehr hat, zu Beginn einer Begegnung immer wieder auf den Migrationshintergrund reduziert zu werden. Man kann noch ein zweites und drittes Mal wiederholen, dass man Deutscher ist und in einer deutschen Stadt geboren wurde. Und wem die Woher-Frage zu nah geht, der kann einfach darauf hinweisen, dass er oder sie noch nicht bereit sei, über diese persönlichen Dinge zu sprechen. Niemand ist verpflichtet, irgendetwas zu tun oder zu erklären. Auch das bedeutet Toleranz und Kommunikation auf Augenhöhe.

Ich bin davon überzeugt, dass wir uns so zeigen sollten, wie wir uns selbst sehen. Wann immer wir über Herkunft und Zugehörigkeit sprechen, ist es wichtig, dass wir unsere eigene, ganz individuelle Position und Situation verdeutlichen. Wie soll die Gesellschaft sonst von uns »neuen Deutschen« erfahren, wenn wir uns nicht sichtbar machen?

Mit besten Absichten

Viele Deutsche ohne Migrationshintergrund zeigen häufig Verunsicherung und Unverständnis, wenn Menschen mit Migrationshintergrund sich an der Woher-Frage stören. In den sozialen Medien, aber auch in Kommentarspalten oder Kolumnen von Zeitungen äußern sie – mal verärgert, mal ratlos – ihre Irritation hinsichtlich dieser scheinbar simplen Frage. Sie würden nur noch ganz vorsichtig fragen, wenn sie sich denn überhaupt noch trauten, und fühlten sich frustriert, weil sie nicht (mehr) wüssten, wie sie es einem Menschen mit Migrationshintergrund recht machen könnten. Ständig müssten sie mit dem Vorwurf rechnen, sie würden ausgrenzen und verhielten sich rassistisch.

Auch ich selbst erhalte immer wieder E-Mails von Mitmenschen ohne Migrationshintergrund, die wissen wollen, was an einfachen Sätzen und Fragen wie der nach der Herkunft denn so problematisch sei. »Was darf ich überhaupt noch sagen?«, heißt es da. »Darf man noch fragen, woher jemand kommt? Was wollt ihr Migranten eigentlich?«

Bei aller Kritik an der Woher-Frage ist allerdings auch sehr wichtig, auf die eigentlich ja positive Absicht dahinter hinzuweisen. Konfrontiert mit der Problematik dieser Frage, reagieren viele folgendermaßen:

➤ »Ich habe nur Interesse an dem Migrationshintergrund gezeigt.«
➤ »Die Personen, mit denen ich darüber geredet habe, fanden die Woher-Frage in Ordnung.«
➤ »Wenn man die andere Herkunft als Bereicherung sieht, ist es keine Ausgrenzung, sondern Integration.«
➤ »Ich habe immer gute Erfahrungen mit der Woher-Frage gemacht. Daraus sind tolle Freundschaften entstanden.«
➤ »Mir hat noch nie jemand gesagt, dass er verletzt ist, wenn ich ihn nach der Herkunft frage.«
➤ »Ich bin ein Migrant, finde die Frage nicht schlimm und stelle sie selbst.«

Sie hatten eine gute Absicht und haben bisher selten eine negative Reaktion erfahren. Dennoch haben Tausende Betroffene unter #MeTwo dazu aufgefordert, die nervigen biografisierenden Fragen und Sprüche zu überdenken. Anschließend haben sich bei Twitter und in Medien wie der *BILD* Deutsche ohne Migrationshintergrund darüber echauffiert, weil sie diese Sichtweise nicht nachvollziehen können.

Daher ein kurzes Gedankenexperiment: Lisa ist Studentin, sitzt im Seminarraum und beobachtet, wie sich ihr Kommilitone Moritz beim Betreten des Raums fast den Kopf am Türrahmen stößt, so groß ist er. Moritz setzt sich neben sie. Die beiden begrüßen einander und tauschen einige Sätze aus. Dann stellt Lisa eine der folgenden Fragen:

> »Bist du zwei Meter groß?«
> »Kannst du gut Basketball spielen?«
> »Na, wie ist die Luft da oben?«
> »Sind deine Eltern auch so groß?«

Moritz hat diese Fragen wahrscheinlich zigmal gehört. Seine Körpergröße ist häufig das erste Thema bei einer Begegnung.

Nun, auch wenn die Sprüche und Fragen nett und humorvoll gemeint sind und einer ersten Annäherung dienen, auch wenn sie ein ernsthaftes Interesse bekunden, so wird Moritz sie aus seiner Perspektive vermutlich irgendwann nervig finden. Er wird sich manchmal denken: »Ich werde von anderen aufgrund meiner Körpergröße angestarrt. Dann bekomme ich Kommentare zu hören und begegne vielen Vorurteilen. Manche denken, sie lassen nur lustige Sprüche los, aber in der Vielzahl sind die Sprüche für mich persönlich nicht lustig oder nett, sondern in der Summe langweilig, nervig und flach. Ich will nicht auf meine Körpergröße reduziert werden.« Die große Person kann, selbst wenn sie wollte, ihre Größe nicht verstecken. Sie wird, bevor sie ihre Persönlichkeit zeigen kann, erst mal nur als ein groß gewachsener Mensch gesehen und unterliegt damit den Zuschreibungen und Vorurteilen der anderen. Der Gedankengang von Moritz stammt übrigens in Wirklichkeit von einem geschätzten Freund, der knapp zwei Meter groß ist.

Dieser Vergleich soll verdeutlichen, wie sich Menschen mit sichtbarem Migrationshintergrund fühlen – auch wenn es sich natürlich in der Qualität der Diskriminierung nicht gleichsetzen lässt. Vom groß gewachsenen Menschen denkt niemand, dass er der deutschen Gesellschaft »fremd« sei. Er gehört dazu, wird weder prinzipiell auf dem Arbeits- und Wohnungsmarkt benachteiligt noch hat er schlechtere Chancen, beispielsweise im

Bundestag ein Praktikum zu bekommen. Menschen mit Migrationshintergrund schon.

Dieses Gedankenexperiment macht dennoch erkennbar, wie wichtig es ist, sich in den Gefragten hineinzuversetzen und die eigene »gute Absicht« zu reflektieren, weil »gut« hier nur für eine Perspektive stimmt. Es mag eine Binsenweisheit sein, aber in diesem Kontext ist es absolut notwendig, sie zu beachten: Auch wenn man es gut meint, kann eine Frage etwas Negatives auslösen. Trotzdem: Ich finde es schade, wenn der Betroffene aus dem Affekt heraus den Menschen hinter der Frage verurteilte und laut würde. Denn ob die Frage moralisch verwerflich ist, können wir erst wissen, wenn wir das Motiv der fragenden Person kennen.

Oft werden Menschen mit Migrationshintergrund darauf angesprochen, ob sie diesen oder jenen Menschen mit ähnlichem Hintergrund kennen. Wahrscheinlich steht dahinter der Wunsch, etwas Freundliches zu sagen, eine Verbindung zwischen sich selbst und dem Gegenüber zu schaffen, indem man gemeinsam über jemand Drittes sprechen kann. Übersetzt auf Menschen ohne Migrationshintergrund würde das aber etwa so klingen: »Hallo Lukas, du kommst also aus Bayern. Ich kenne Christian aus Bayern. Kennst du die Familie Schmidt in Nürnberg? Was hältst du von den Kruzifixen in Schulen?« Dialoge wie diesen erkennen wir spontan als absurd. Aber in meiner Jugend ist mir immer wieder passiert, dass ich gefragt wurde, woher ich komme und ob ich andere Türken aus der Gegend kennen würde, die die fragende Person kannte – als wären Menschen mit Migrationshintergrund untereinander per se bekannt: »Du bist Alevit? Kennst du Murat? Der wohnt auch da. Ihr würdet euch gut verstehen!«

Positive Absicht oder Unwissenheit heben weder die diskriminierende Wirkung auf noch befreien sie von der Verantwortung für ausgrenzende Äußerungen. Oft sind es vor allem Gedankenlosigkeit und die Nichtbeachtung des Kontextes, die hinter der Woher-Frage stecken. Wenn ich als kleiner Junge mit völlig verdreckten Matschhosen vom Spielplatz nach Hause kam, fragte mich meine Mutter: »Sohn, wo kommst du her!?« Wir alle kennen Alltagssituationen, in der die Woher-Frage so oder so ähnlich auftaucht. Dann ist sie natürlich völlig unproblematisch. In anderen Kontexten ist sie es aber nicht, und das müssen wir uns bewusst machen.

Vor allem zwei Positionen prallen bei Diskussionen um die Woher-Frage regelmäßig aufeinander. Die eine Seite behauptet: »Ich frage, woher jemand kommt, weil ich am Gegenüber und seiner Geschichte interessiert bin. Ich bin neugierig und habe nichts gegen Ausländer.« Die andere Seite sagt: »Ich bin doch kein Tourist, der nur für kurze Zeit im Land ist und bald wieder verschwindet. Die Frage nervt, weil ich sie so häufig höre. Meine Heimat ist Deutschland, aber von außen wird das nie anerkannt.«

Gelegentlich antworte ich auf die Woher-Frage deshalb nur: »Ich komme vom Bahnhof.« Tatsächlich verstehe ich oft nur Bahnhof, weil ich nicht weiß, was mein Gegenüber eigentlich interessiert – und warum. Aber mit meiner Antwort habe ich den Spieß umgedreht, und das verwirrt die Leute. Ebenso irritiert sind sie, wenn ich eine Rückfrage stelle: »Was genau möchten Sie wissen? Meinen Wohnort, meine Ethnie oder meine Geburtsstadt? Möchten Sie wissen, wo meine Eltern sozialisiert worden sind, in welchem Land sie vorher gelebt haben? Oder nehmen Sie an, dass etwas an mir nicht deutsch ist, und Sie interessiert bloß, was dieses andere sei? Hätten Sie einfach gerne eine kurze Zusammenfassung meiner Migrationsbiografie?« Ich blicke dann oft in verdutzte Gesichter. Manche sind aber nicht bloß irritiert, sondern fühlen sich vor den Kopf gestoßen. Eine solche Antwort haben sie nicht erwartet. Dann heißt es auch mal, ich sei ihnen zu kompliziert: »Ich habe Herrn Can nur gefragt, woher er käme, doch er macht daraus gleich eine Staatsaffäre.« Für den einen oder anderen sind meine Rückfragen auch deshalb überraschend, weil die Rollen von Deutschen und »Ausländern« – und die damit verbundenen Erwartungen – lange Zeit völlig klar waren und nicht hinterfragt wurden.

Nun, »wir Migranten« sind nun mal sehr divers und haben daher unterschiedliche Haltungen zur Woher-Frage. Eine eindeutige Antwort auf die Frage, was »wir« eigentlich wollen, gibt es daher nicht. Fest steht nur, dass es notwendig ist, darüber zu reden. Ich finde es wichtig, dass Menschen ihr vordergründiges Interesse am nicht »ganz«, »ursprünglich« oder »wirklich« Deutschen hinterfragen und darüber nachdenken, was genau sie »nicht deutsch« finden. Sehe ich beim anderen einen Migrationsaspekt und gewichte den womöglich gerade stärker, als der andere es selbst tut und zeigt? Den meisten, die die Woher-Frage stellen, ist gar nicht klar, was sie eigentlich damit bezwecken und auslösen. Da aber Akribie und Akkuratesse bekanntlich »deutsche« Tugenden sind, dürfen wir sie auch hier verlangen und erwarten, dass man darauf achtet, ob, wann, wem und wie wir die Frage stellen. Achtsamkeit und ein bewusstes, ehrliches Interesse sind ein Ausdruck von Wertschätzung für unser Gegenüber.

Um sich über die eigenen Beweggründe klar zu werden, hilft es vielleicht, sich noch einmal vor Augen zu halten, wem die Frage vor allem gestellt wird (und wem nicht). Es sind Menschen, die tendenziell

- ➤ eine schwarze Haar- oder Hautfarbe haben oder anders aussehen als die meisten in der weißen Mehrheitsgesellschaft;
- ➤ sich in einer anderen Sprache als der deutschen unterhalten oder einen ausländischen Akzent haben;
- ➤ einen Namen ausländischen Ursprungs haben;
- ➤ sonstige oberflächliche Hinweise auf eine Migrationsgeschichte erkennen lassen – zum Beispiel könnten sie einen Schottenrock tragen, Kleidung, die auch von der weißen Mehrheitsgesellschaft selten getragen werden dürfte;
- ➤ explizit selbst sagen, dass sie nicht aus Deutschland kommen;
- ➤ von sich aus die Woher-Frage stellen und so andere dazu verleiten, es ebenfalls zu tun.

Wenn wir versuchen das alles außer Acht zu lassen, quasi zu »übersehen«, kommen wir vielleicht auf interessantere Fragen, die mehr mit der Persönlichkeit unseres Gegenübers zu tun haben.

»Nerelisin?«[65] Alle wollen es wissen

In Diskussionen über die Woher-Frage höre ich oft den Satz: »Migranten fragen doch selbst andere, woher sie kommen!« Wohl wahr! Auch Verwandte von mir stellen die Frage gar nicht so selten. Das hat unterschiedliche Gründe: Menschen, die sich in der deutschen Sprache tendenziell weniger elaboriert ausdrücken können, haben oft schlicht keine guten Alternativen im Repertoire. »Woher kommst du?« ist schön kurz und leicht zu merken. Diese Frage gehört nicht umsonst zu den ersten Floskeln, die Geflüchtete in Sprachkursen lernen. Mit ihr lässt sich leicht eine Unterhaltung beginnen. In diesem Kontext hat die Woher-Frage also eine ganz pragmatische Funktion.

Menschen mit Migrationshintergrund verwenden die Woher-Frage auch deshalb, weil sie wissen, dass viele Deutsche ohne Migrationshintergrund kein Problem mit ihr haben. Mein Cousin sagte mal zu mir: »Ich werde oft von Deutschen – ohne Migrationshintergrund – gefragt, wo ich herkomme. Deswegen frage ich das auch. Kein Problem.« Und es gibt noch einen anderen Grund: In den Herkunftsländern selbst – zum Beispiel Türkei, Irak, Afghanistan oder Syrien – spielt die Frage ebenfalls eine Rolle. Den Leuten ist wichtig zu wissen, woher ihr Gegenüber kommt. Mit einzelnen Orten und Regionen verbinden sich genau wie in Deutschland bestimmte Vorstellungen, Emotionen und Klischees.

Dieses Bedürfnis überträgt sich auf die neue Heimat. Auch hier wollen viele Migranten wissen, woher ihr Gegenüber kommt, um es einschätzen zu können. Wie gesagt: Schubladen sind praktisch. In meiner Kindheit konnte ich manchmal nicht damit umgehen, wenn mich andere Kinder mit Migrationshintergrund fragten, woher ich komme. Irgendwie schien es ihnen auch darum zu gehen, sich als stolze Russen, Polen, Araber, Türken, Kurden oder Nigerianer gegenüber anderen abzugrenzen und zu profilieren. Waren die Verhältnisse geklärt, konnte man gegenseitige Witze und Sprüche anbringen. Für viele waren aber vor allem die Deutschen die »anderen«, die sie deshalb oft nur »Kartoffeln« und »Almans« nannten. Mir war nie ganz wohl dabei. Heute weiß ich, dass ihre Art der Abgrenzung vor allem darauf zielte, eine eigene Identität herauszubilden. Diese Haltung haben sie vermutlich vor allem von den Eltern übernommen. Und die kannten eben nur zwei Gruppen: Deutsche und Ausländer. Hätte man uns damals gefragt, was uns von deutschen Kindern unterscheidet und warum wir für sie Begriffe wie »Kartoffeln« benutzten, hätten wir darauf wohl nicht viel sagen können außer so allgemeine Dinge wie: »andere Sprache, andere Religion, andere Moralvorstellungen, anderes Essen und eine andere gesellschaftliche Position«. Wir alle aber gingen in deutsche Schulen, spielten in deutschen Vereinen, bestellten auf Deutsch unser Essen, konnten besser Deutsch sprechen als die Erstsprache unserer Eltern und so weiter. Ob wir wirklich so anders waren, bezweifle ich.

Wie ich bei meiner schon beschriebenen Tour durch die Essener Innenstadt für die *Tagesschau* gelernt habe (siehe S. 55), gibt es nach wie vor Migranten, die zwar schon lange in Deutschland leben, sich aber trotzdem nicht als Deutsche bezeichnen würden. Stattdessen nennen sie auf die Woher-Frage ganz selbstverständlich das Land, in dem sie selbst, ihre Eltern oder ihre Großeltern geboren wurden. Sie verbinden sich deshalb auch vor allem mit Menschen, die eine ähnliche Migrationsbiografie haben. Gemeinsam glauben sie, sich dadurch besser gegen Diskriminierung wehren zu können.

Ich war eine Zeit lang mit einer deutschen Frau ohne Migrationshintergrund zusammen, die an der Universität einen türkischen Sprachkurs belegte, unter anderem auch um mit meinen Verwandten kommunizieren zu können. Einer der ersten Sätze, die sie lernte – zusammen mit Fragen wie »Wie heißt du?« oder »Wie geht es dir?« –, war die Frage nach der Herkunft: »Nerelisin?« Sie bedeutet wörtlich etwa: »Wo kommst du her, Landsmann?« Es gibt auch eine synonyme Frage, und zwar »memleket nere?«, was man in etwa übersetzen kann mit: »Welche türkische Stadt oder Provinz ist dein Heimatort?«

Wenn sich Türkinnen und Türken unterhalten und einander eine dieser Woher-Fragen stellen, wollen sie den Namen einer Stadt oder einer Provinz hören, schließlich könnte man ja aus derselben Gegend stammen. Dann wird nach den Eltern gefragt, vielleicht gibt es ja bei denen geografische Überschneidungen. Früher oder später fallen dann Sprüche, denn zu jeder Stadt, Region oder Provinz gibt es stereotype Assoziationen. So leben in der Hafenstadt Izmir angeblich schöne, aber launische Frauen, in der zentralanatolischen Provinz Konya sind viele strenggläubig, und in der Stadt Mardin soll es sehr multiethnisch und multikulturell zugehen. Kahramanmaraş, die Provinz meiner Geburtsstadt, ist wiederum bekannt für ihre Eisspezialität. Wenn ich Türken erzähle, ich sei aus Maras, heißt es gleich: »Marasin Dondurmasi mesurdur.« – »Das Eis in der Provinz Maras ist sehr populär.« Wie in Deutschland gehören solche Sprüche zum Small Talk, sie sind nett, sympathisierend oder humorvoll gemeint. Weil viele Türken diese Stereotype kennen, schaffen sie eine Verbindung.

Andererseits: Mag die »Nerelisin?«-Frage auch einen eher harmlosen regionalen Patriotismus vermitteln, so kann sie durchaus auch für Ausschluss und Benachteiligung stehen. Es geschieht wohl in allen Ländern, dass Menschen aus bestimmten Regionen weniger Anerkennung erfahren, stigmatisiert oder gar diskriminiert werden. In der Türkei können besonders christliche, kurdisch-alevitische und andere Minderheiten ein Lied davon singen.

In Deutschland lebende Türken fragen sich vor allem aber auch deshalb gegenseitig »Nerelisin?«, um in der Fremde Gemeinschaftsgefühle aufzubauen. Auch wenn ich dafür Verständnis habe und es von meinen Eltern her kenne, so kann ich persönlich bis heute nicht viel damit anfangen. Und das hat seinen Grund. Je nachdem, was ich als Kind oder Jugendlicher auf die »Nerelisin?«-Frage antwortete, fiel die Reaktion eher positiv oder eher negativ aus. Nannte ich meine Geburtsstadt Pazarcık, ordneten mich diejenigen, die diese Stadt kannten, der kurdisch-alevitischen Bevölkerung zu. Und der wurde immer unterstellt, sie habe Probleme mit dem sunnitischen Islam und dem türkischen Patriotismus. Wenn ich die Kurzform »Maras« verwendete, weil die fragende Person die Geburtsstadt nicht kannte und selbst sunnitisch und türkisch war, erntete ich in der Regel skeptische Blicke. Vor allem nationalbewusste Türken korrigierten mich dann: »Du meinst wohl Kahramanmaraş.«

Ich war oft überfordert und hatte als Kind manchmal sogar Angst vor diesen Reaktionen, denn ich spürte, dass die Herkunft bei vielen emotional stark aufgeladen war. Ich war mir jedenfalls lange unsicher, ob ich »Maras« oder »Kahramanmaraş« sagen sollte. Eigentlich und uneigentlich war ich Kurde, doch ich hatte den türkischen Ausweis und war in der Türkei geboren. Gerne hätte ich meine komplizierte Lage damals den Menschen geschildert, die mich »Nerelisin?« fragten, aber weil ich Türkisch nicht so gut sprechen konnte, sagte ich entweder das eine oder das andere. Dabei verließ ich mich auf mein Gefühl. Zudem verunsicherte mich auch mein Wissen um die schwierige Situation der Kurden in der Türkei. Mein Vater hatte mir erzählt, wie er und weitere Kurden während des Wehrdiensts in der türkischen Armee ihre kurdische Identität nicht ausleben durften. Schon wenn dort einer von ihnen Kurdisch sprach, musste er mit Repressionen rechnen. Kurden, die Arbeit suchten, wurden wie Bürger zweiter Klasse behandelt.

Dazu kam, dass wir Aleviten sind. Angehörige dieser Glaubensrichtung hatten es in der Türkei ohnehin nicht leicht. Es gab Anschläge auf alevitische Versammlungen. Die türkische Assimilationspolitik sorgte lange Zeit dafür, dass viele Minderheiten ihre Sprache nicht sprechen oder ihre Religion nicht gleichberechtigt ausüben konnten – teilweise ist das heute noch so. Ich wusste nur wenig über die Verfolgung unserer Minderheit, was es für mich in meiner Kindheit nicht leichter machte zu sagen, dass ich Kurde war. Dabei wollten mich meine Eltern mit den Erzählungen aus ihrer Vergangenheit dazu ermutigen, denn in Deutschland waren wir frei und sollten über unsere Geschichte überall offen reden können.

Auch die türkische Woher-Frage verbinde ich also mit unguten Gefühlen. Ohne meine kurdische Identität und Biografie abtun zu wollen – ich sprach und dachte die meiste Zeit auf Deutsch. Schon immer. Und so saß ich eben auch in dieser Hinsicht zwischen den Stühlen. Patriotischen Kurden, die wussten, dass ich kein Kurdisch konnte, war ich suspekt. Für die Türken, die von meinen kurdischen Wurzeln wussten, war ich kein Türke. Für Deutsche ohne Migrationshintergrund, die meinen Migrationshintergrund sahen, war ich Migrant. Immer war ich »anders«. Wer oder was aber war ich eigentlich? Oder um es mit Richard David Precht zu sagen: Wer bin ich, und wenn ja, wie viele? Ich erlebte am eigenen Leib, dass moderne Biografien oft keine einfachen Antworten auf die Woher-Frage erlauben. Sie können schmerzhaft, kompliziert oder irritierend sein, nie aber so einfach ausfallen wie bei einem Touristen, der im Urlaub einen Small Talk an der Bar führt.

Irgendwann, im Laufe des Studiums, hatte ich es satt, über meine Herkunft zu sprechen. Ich fremdelte mit meiner »türkisch-kurdischen Identität« und wusste nie genau, wo mein Zuhause war, außer in meinem Elternhaus.

Es mag vielleicht seltsam klingen, aber heute, mit ausreichend Abstand, bin ich sehr froh über meine damaligen Identitätsprobleme. Ohne die Verunsicherung hätte ich nicht den nötigen Abstand gehabt, um Identitätskonzepte zu hinterfragen. Ohne all die Probleme hätte ich vermutlich keine hybride – also

»deutsch und etwas anderes« wie die *New York Times* und weitere internationale Zeitungen über #MeTwo titelten – und selbst gewählte Identität für mich finden können. Heute ist es mir sehr recht, keiner Schublade oder Nationalität vollkommen zu entsprechen. Ich bin dort zu Hause, wo ich mich wohlfühle. Übrigens will ich mir gar nicht vorstellen, was los gewesen wäre, wenn ich als Kind auf die »Nerelisin?«-Frage geantwortet hätte: »Ich bin ein Warendorfer.« Man hätte mich vermutlich als naiven Knirps ohne Bewusstsein für die eigene Heimat abgestempelt und belächelt. Fun Fact: Meine E-Mail-Adresse, die ich seit über zehn Jahren nutze, lautet *warendorfer@*... Dass ich in Warendorf lebte, war mir nie peinlich, im Gegenteil: Nerelisin? »Warendorfliyim« oder heute »Essenliyim«.

Wohin statt Woher

Ich kann es nicht oft genug betonen: Damit Deutschsein nicht mehr vom Aussehen abhängt oder aufgrund der Migrationsgeschichte infrage gestellt wird, müssen Menschen, die sich als Deutsche oder als Menschen mit hybriden Identitäten verstehen, sichtbarer werden. In Gesprächen, Vorträgen und auf Onlineplattformen sollten sie aktiv ihre bunten Biografien erzählen und mit Menschen ohne Migrationshintergrund ins Gespräch kommen, bis ihre deutsche Herkunft sich im Bewusstsein der Gesellschaft als Ganzes verankert hat.

Ich empfinde es als ein Privileg, aus Deutschland zu kommen – nicht nur weil ich dadurch viele Freiheiten genieße, sondern auch weil ich mich mit den Werten identifiziere. Meine Identifikation mit Deutschland ist für mich jedoch nicht gleichbedeutend mit Nationalismus, Patriotismus oder einer anachronistischen Idee von einer homogenen Gesellschaft. Sie basiert vielmehr auf dem Willen, in dieser Gesellschaft als anerkannter, vollwertiger Teil mit gleichen Rechten und Voraussetzungen zu leben wie meine Mitmenschen ohne Migrationshintergrund. Dass wir so intensiv über die Woher-Frage diskutieren, ist daher in meinen Augen auch alles andere als ein schlechtes Zeichen, sondern zeigt vielmehr die Qualität unserer offenen und demokratischen Gesellschaft, die einem stetigen Wandlungsprozess unterliegt und sich diesem auch stellt.

Deshalb ist es nötig, über ausgrenzende Sprache zu diskutieren und für sie zu sensibilisieren – nicht zuletzt als präventive Arbeit gegen eine wiederaufkommende rassistische Sprache in Zeiten, da rechte Gesinnungen massiv erstarken und rechtsextreme Abgeordnete in die Parlamente einziehen. Wenn ich von Sensibilisierung spreche, dann geht es mir nicht darum, Anleitungen zu geben, wie man sich diskriminierungsfrei und ohne alle Kategorisierungen unterhalten soll. Genau solche Pauschallösungen kritisiere ich. Sie würden nicht funktionieren, sondern eher das Gegenteil bewirken, nämlich, dass wir aus Verunsicherung wieder dazu übergehen, Menschen mit Schubladenfragen und Schubladenerwartungen zu begegnen, auch wenn es dann andere Schubladenfragen wären. Aber jedes Individuum hat es verdient, als solches wahrgenommen und behandelt zu werden. Deshalb kommt es bei der Handhabung der Woher-Frage neben dem Interesse an der »Herkunft« oder an der Biografie einer anderen Person auf so viele weitere Aspekte an. Vor allem anderen aber zählt der jeweilige Kontext.

Nehmen wir, also diejenigen, denen die Woher-Frage gestellt wird, das Ganze nicht allzu übel. Ins Fettnäpfchen tritt schließlich jeder mal, und ein neuer Umgang untereinander braucht Zeit. Achten wir auf die Haltung dahinter, denn auf Wertschätzung und Augenhöhe können wir nicht verzichten. Und arbeiten wir darauf hin, dass die Frage allmählich aus den Small Talks verschwindet und wenigstens nicht immer gleich zu Beginn einer Begegnung gestellt wird. Faszinierender und konstruktiver als die Frage »Woher kommst du?« ist doch die Frage: »Wie geht es dir?«

Oder wir fragen einfach: »Wohin möchtest du?«

8 Hier überall kann ich sein. Heimat im Plural

Seit ich meine Einbürgerungsurkunde überreicht bekommen habe, kann ich schwarz auf weiß belegen, dass ich Deutscher bin. Menschen, die selbst lange als »Ausländer« in Deutschland gelebt haben oder wie ich Angst vor Abschiebung hatten, werden nachvollziehen können, wie es sich anfühlt, wenn der deutsche Staat endlich und offiziell ihre Zugehörigkeit akzeptiert.

Wie ich in diesem Buch erzählt habe, haben Erfahrungen wie meine Einbürgerung, aber auch die jahrelange Auseinandersetzung mit der Frage, wo ich herkomme und wo ich hingehöre, mein Denken und meine Selbstwahrnehmung entscheidend geprägt. Ständig musste ich Antworten finden. Werden die anderen mich trotz deutschem Pass auch dann noch als Deutschen sehen, wenn sie erfahren, dass ich mal Asylsuchender war? Wie kann ich meine Migrationsgeschichte in Kürze erklären und gleichzeitig betonen, dass ich genauso »deutsch« bin wie Deutsche ohne Migrationsbiografie? Eng verknüpft mit der Woher-Frage ist deshalb auch die Frage nach dem, was mit dem schönen deutschen Wort »Heimat« bezeichnet wird. Was bedeutet Heimat für mich? Ist Deutschland meine Heimat? Oder Warendorf, Pohlheim oder Essen? Oder kann es sein, dass mich geografische Orte gar nicht besonders interessieren und ich mich stattdessen dort heimisch fühle, wo ich mit meinen Lieblingsmenschen zusammen bin? Dass Heimat dort ist, wo Freunde sind?

Horst Seehofer, derzeit Minister »des Innern, für Bau und Heimat«, antwortete auf die Frage, was er mit Heimat verbinde: »Für mich ist Heimat schlicht und einfach, wo ich mich zu Hause und geborgen fühle, wo ich merke: Da gehöre ich dazu.«[66]

Schön gesagt. Erklärt aber auch, warum es schwer oder gar unmöglich ist, Heimatgefühle zu entwickeln, wenn man immer wieder zu spüren bekommt, dass man *nicht* dazugehört. Rassismus und Ausgrenzung sorgen dafür, dass Menschen mit Migrationshintergrund (vor allem jene, die erst seit Kurzem hier leben) es schwer haben, hier in Deutschland Heimatgefühle zu entwickeln. Und doch: Es kann gelingen. Auch wenn es manchmal etwas anders abläuft, als unser »Heimatminister« sich das vorstellt.

Von Syrien nach Köln: Et es, wie et es

Bei meinen Veranstaltungen begegne ich immer wieder Menschen mit interessanten Biografien, die mir im Anschluss erzählen, was es für sie bedeutet, mehr als eine Heimat zu haben. Manchmal, wenn es auch Catering gibt, reden wir so lange, bis wir irgendwann die Letzten im Saal sind. Ich schätze diese Begegnungen sehr und wünschte, es gäbe noch mehr Orte und Möglichkeiten, auf diese Weise ins Gespräch zu kommen.

Eine dieser Begegnungen ist mir besonders in Erinnerung geblieben, und zwar die mit einem geflüchteten Mann, der in Syrien aufgewachsen war. Nennen wir ihn Firas. Er war damals 26 Jahre alt und lebte seit sieben Jahren in Deutschland, die letzten drei Jahre in Köln. Ich kam gerade mit einem vollen Teller vom Buffet zu einem Tisch, als er mich ansprach: »Danke vielmals für #MeTwo! Ich hatte das Gefühl, nicht allein zu sein mit meinen Erfahrungen. Danke für die Aktion! Ich bin auch ein MeTwo-Mensch: Ich bin in Syrien geboren, fühle mich aber deutsch und habe meine neue Heimat hier!«

Er berichtete davon, dass er aufgrund seines Akzents häufig gefragt werde, wo er herkomme. »Man hört ja, dass ich nicht gut Deutsch spreche und einen Akzent habe. Deswegen ist es erst mal kein Problem, wenn ich das gefragt werde. Ich frage ja auch, woher jemand kommt. Das ist Neugier, wenn einer einen ausländischen Akzent hat. Sobald ich darauf antworte ›aus Köln‹, wollen die Leute aber wissen, wo ich ursprünglich herkomme. Ich muss dann immer ›Syrien‹ sagen, damit sie zufrieden sind und wir irgendwann das Thema wechseln können. Beim Stichwort Syrien seh ich in ihren Augen, wie ich zum Flüchtling werde. Viele machen dann ein trauriges Gesicht. Sie zeigen ihr Mitgefühl und es ist nett gemeint, aber ich habe hier ein neues Leben angefangen und will mich mit Deutschland verbinden. Ich mag es nicht, dass ich immer wieder als Flüchtling gesehen werde.«

Ich verstand sehr gut, was Firas meinte. Wir verließen den Veranstaltungsort und zogen gemeinsam mit seiner Freundin weiter in eine Kneipe. »Was mache ich denn«, fragte er mich dann, »wenn jemand ›Köln‹ nicht als Antwort akzeptiert und stattdessen wissen will, wie es in Syrien ist? Soll ich ihm dann von dem Krieg erzählen? Das ist kein leichtes Thema, wenn man sich zum ersten Mal begegnet.«

Tatsächlich sollten wir uns bewusst machen, dass Fragen nach der Herkunft für das Gegenüber eine regelrechte »Trigger«-Funktion haben können. Die alte Heimat ist womöglich mit traumatischen Erfahrungen verbunden. Man muss kein Psychologe sein, um zu verstehen, dass die permanente Konfrontation mit der Herkunft gerade bei geflüchteten Menschen Verletzungen und Trauer hochkommen lassen kann.

Dennoch: In den ersten drei Jahren war es für Firas in Ordnung, wenn man ihm die Woher-Frage stellte. Damals verstand er sich ja selbst noch als Flüchtling. Die Woher-Frage war da noch gleichbedeutend mit »Aus welchem Land bist du geflüchtet?«. Als er dann aber schon mehrere Jahre in Deutschland gelebt und sich ein neues Zuhause aufgebaut hatte, passte sie nicht mehr. Wie sollte er mit ihr umgehen? Abgesehen davon, dass es für ihn eine sprachliche Herausforderung war, seine Situation in der neuen Heimat zu beschreiben, wollte er ein so persönliches Thema nicht mal eben in zwei Minuten abhandeln.

An dieser Stelle sei erwähnt, dass seine Freundin eine blonde Deutsche ohne Migrationshintergrund war. Firas erzählte mir, dass sie seit zwei Jahren eine glückliche Beziehung führten und viel Zeit miteinander verbrachten: »Ich habe ein Land, das in Schutt und Asche war, hinter mir gelassen. Meine Familie ist überall auf der Welt verstreut. Natürlich wünsche ich mir manchmal, dass alles wie früher ist und ich mit meinen liebsten Menschen in einem friedlichen Syrien lebe. Aber das hat sich geändert. Von meiner ersten Heimat habe ich nur noch meine Erinnerungen und meine Wünsche. Heimat – das sind jetzt meine Beziehungen, vor allem die zu meiner Freundin. Sie und ihre Familie sind jetzt mein Mittelpunkt. Sie haben mich herzlich aufgenommen und behandeln mich wie ihren Sohn. Eine sehr tolerante Familie. Und meine Freundin und ich bekommen bald unser erstes Kind. Es wird einen arabischen und einen deutschen Namen haben. Ein MeTwo-Kind also!« Nachdem er seine Erzählung beendet hatte, schaute er mich fragend an.

Offenbar wollte er von mir eine Bestätigung, dass ich seinen Weg in Ordnung finde und seine Entscheidungen verstehe. Puh! Das sind Momente, in denen ich selbst tief berührt bin und gar nicht weiß, ob ich überhaupt etwas sagen muss. Meine Freude über seine Geschichte überwog. Ich wollte ihn deshalb bestärken und sagte: »So wie du bist, bist du gut. Wenn Köln deine neue Heimat ist, dann ist das so. Vielleicht sagst du einfach beim nächsten Mal, dass du mehr als eine Heimat hast. Du bist kein Flüchtling mehr, sondern Kölner. Das steht nicht im Widerspruch zu deinen Gefühlen, die du für Syrien hast. Und wenn dein Gegenüber nicht Ruhe geben sollte, zitier doch einfach das kölsche Grundgesetz: Et bliev nix, wie et wor. Wat fott es, es fott. Et kütt, wie et kütt. Et es, wie et es. Wat wells de maache?« Natürlich kannte er das »Jrundjesetz«, und wir beide mussten lachen.

So wie Firas dürfte es viele weitere Menschen mit Migrations- und Fluchthintergrund geben, die auf eine ähnliche Weise ihr Heimatverständnis mit der Zeit ändern. Wenn nicht schon seit der Ankunft der sogenannten Gastarbeiter in Deutschland, so ist es doch spätestens seit der 2014 und 2015 deutlich gestiegenen Zuwanderung von geflüchteten Menschen an der Zeit, konstruktiv über ein neues Herkunfts- und Heimatverständnis zu debattieren. Ab wann ist ein Mensch kein Flüchtling oder Migrant mehr, kein Gast, der bald wieder geht, sondern – Deutscher? Ab wann wird ein Flüchtling kein Flüchtling mehr genannt, sondern Studierender, Gastronom oder der nette Nachbar von nebenan? Unsere Gesellschaft darf sich die Freiheit nehmen und akzeptieren, dass Menschen aufgrund neuer Beziehungen und Erfahrungen auch neue Heimaten für sich finden.

Heimat der Werte

Ich schätze liberale Verhältnisse und Konzepte wie Individualität und Selbstverwirklichung sehr. Und da diese einen großen Wert in Deutschland besitzen, sollten sie auch denjenigen zugestanden werden, die hierher eingewandert sind. Heimat im

Plural ist mein Zuhause. Beziehungen zu unseren Mitmenschen können uns so sehr erfüllen und erden, dass wir durch das Zusammenleben Heimatgefühle entwickeln. Wir teilen eine Heimat der Werte. Das mag hochtrabend klingen, doch im Grunde sagt es nur: Wir fühlen uns dort heimisch, wo Menschen leben, die wir schätzen, und Werte gelten, die wir hochhalten. Kritiker werden das als zu abstrakt abtun: »Ihr wisst einfach nicht, wo ihr hingehört.« Meine Erfahrungen, besonders in Großstädten, aber zeigen, dass das ein verbreitetes, modernes Herangehen an den Heimatbegriff ist – übrigens auch bei Deutschen *ohne* Migrationshintergrund. Man könnte es auch positiv deuten als Anzeichen für eine Loslösung von einem überkommenen Heimatbegriff, der einen konkreten geografischen Ursprungsort und eine vermeintlich naturgegebene Zugehörigkeit voraussetzt.

Wie könnte zum Beispiel Firas' Heimat der Werte aussehen? Er erzählte mir, er habe studienvorbereitende Deutschkurse absolviert und gehe seit Kurzem auf die Uni. Seinen Alltag bestimme das Studentenleben, das Campus-Gefühl, die intensive Beschäftigung mit seinen Lieblingsfächern, die Freundschaft zu offenen, liberalen Kommilitonen und Kommilitoninnen. Er mochte das Studium, das Lernen, die Menschen. Darüber hinaus war seine Wohngemeinschaft ein wichtiger Faktor, denn sie war mehr als eine Zweck-WG. Er unternahm viel mit den anderen, kam durch sie mit der Jazzszene in Berührung. So gab ihm auch die Musik ein neues Gefühl von Heimat. Ich könnte noch viele weitere Aspekte aus seinem Leben aufzählen. Alle zusammen laufen darauf hinaus, dass seine wie auch meine Heimat eine Heimat der Werte ist: In Firas' wie auch in meinem Leben gibt es Menschen, Haltungen, Grundsätze und Erlebnisse, die wertvoll für uns sind. Aus all diesen Bausteinen setzt sich eine neue Heimat zusammen.

Andere Bausteine sind allgemeingültig wie zum Beispiel die Demokratie. Firas kam irgendwann auf die politische Situation in Syrien zu sprechen und betonte, dass er trotz aller Verbundenheit mit dem Land den Rechtsstaat, die Gewaltenteilung und die Meinungsfreiheit in Deutschland besonders schätze. Ich hatte das Gefühl, dass er mir gegenüber ein wenig rechtfertigen wollte, warum er sich als Kölner sah. Bei seinen Freunden, bei seiner neuen Familie war das nicht mehr nötig: Hier musste er sich nicht mehr erklären – ein wichtiges Merkmal für Heimat. Ich sagte ihm, dass ich ihn verstünde und unsere Verfassung genauso schätzte. Wir stellten uns vor, dass wir theoretisch auch in anderen Demokratien heimisch werden könnten. Heimat der Werte bedeutet für uns, dass wir das Gebäude der freiheitlich-demokratischen Grundordnung als unseres betrachten – und dabei ist es fast egal, wo dieses Gebäude verortet ist. Ich könnte mir vorstellen, auch mal in Frankreich zu leben, einfach weil ich weiß, dass die Grundpfeiler der Demokratie dort genauso existieren wie in Deutschland.

Natürlich gibt es etliche weitere wichtige Gründe wie die bereits erwähnten Beziehungen, das Beherrschen der Sprache, der Spaß bei der Arbeit, die dafür sorgen, dass wir ein Gefühl von Heimat empfinden. Noch wichtiger aber ist die Überzeugung, die ich mit Firas teilte: Heimat kann sich ändern, Heimat kann neu entstehen, Heimat kann sich addieren. Heimat ist da, wo wir uns angenommen fühlen, unsere Identität entwickeln und Beziehungen eingehen.

Auch bei der Begegnung mit Firas hat sich wieder gezeigt: Wer nur die simple Woher-Frage stellt, wird niemals so viel erfahren wie ich von ihm. Die Frage nach den vermeintlichen Wurzeln greift zu kurz. Sie müsste lauten: »Wie ist deine Geschichte?« Vor allem aber bedarf es der richtigen Rahmenbedingungen:

Zuwendung und Zeit. Erst wenn der oder die Befragte spürt, dass beides vorhanden ist, wird er oder sie mehr als das üblicherweise zu Erwartende sagen.

Aber noch ein anderer Aspekt spielt mit hinein: Gerade Menschen mit Fluchthintergrund, die noch Schwierigkeiten mit der deutschen Sprache haben, neigen dazu, auf die Woher-Frage einfache Antworten wie »Syrien« oder »Afghanistan« zu geben. Mein Eindruck ist: Vielleicht würden sie mit besseren Sprachkenntnissen und mehr Courage ihr Bild von Heimat differenzierter erklären, mehr von ihren Gefühlen berichten. Für manche ist das Reden über ihre Heimat auch zu schmerzlich. Andere möchten vielleicht nur aus Bequemlichkeit kein Fass aufmachen. Auch das sei ihnen zugestanden und sollte uns sensibler im Umgang mit diesen Herkunftsfragen machen.

Manche von uns, die so eine komplizierte Geschichte haben wie ich, reagieren auf die Woher-Frage verhalten und denken sich wie ich damals: Na, welchen Ausschnitt aus meiner Biografie soll ich denn nun erzählen? Oder gehe ich lieber auf konkrete, persönliche Meilensteine ein? Habe ich Lust? Die Zeit, die Kraft? Sind wir überhaupt vertraut genug?

Heimat ist ein komplexes Konstrukt, das sich aus Erfahrungen, Beziehungen und einer inneren Einstellung laufend neu zusammensetzt. Heimat lässt sich heute nicht mehr mit »Wurzeln« gleichsetzen, denn die Frage nach den »Wurzeln« suggeriert, dass Zugehörigkeit nur geografisch festgelegt ist. Wir Menschen können mehrmals »Wurzeln schlagen«. Jeder Mensch bestimmt seine Zugehörigkeit über andere, persönliche Faktoren. Wenn Heimat ein Konstrukt ist, das mit unseren Gefühlen und Gedanken verwoben ist, dann können selbstverständlich auch Menschen ohne Migrationshintergrund eine individuelle Antwort auf die Frage danach geben. Wer in München geboren ist, kann das gerne sagen. Und wenn diese Person seit einigen Jahren in Berlin wohnt und dort das Gefühl hat, angekommen zu sein und ihre Heimat gefunden zu haben, dann kann sie auch mit »Berlin« antworten oder gleich mit »Kreuzberg«, »Pankow« oder »Spandau«. In der Regel werden ihre Antworten akzeptiert und nicht weiter hinterfragt. Und genau diese selbstverständliche Akzeptanz würden sich auch viele Menschen mit Migrationshintergrund, die ihre neue Heimat in Deutschland sehen, wünschen. Bisher überwiegt aber in der Gesellschaft die veraltete Haltung, dass Menschen mit Migrationshintergrund irgendetwas über »Ursprünge« im Ausland erzählen können müssen. Biografien haben entweder deutsch oder migrantisch zu sein. Alles andere ist irritierend, weil es aus dem Rahmen fällt.

Heimaten statt Heimat

#MeTwo hat gezeigt: Gerade weil sich viele Menschen wie ich in Deutschland heimisch fühlen, bleiben sie nicht still und widersetzen sich der Ausgrenzung. Gerade weil sie Deutschland als ihr Zuhause betrachten, wehren sie sich aktiv gegen das zersetzende Gift des Rassismus. Sie wollen damit ihren ureigenen Beitrag zu dieser Gesellschaft leisten. Sie machen von ihren demokratischen Rechten Gebrauch und gestalten ihr Zuhause mit. Könnte es einen besseren Beweis dafür geben, dass sie dazugehören?

Die bisher geführte Diskussion über Heimat ignoriert viel zu häufig die individuellen Perspektiven all der unterschiedlichen Menschen in unserer Gesellschaft. Genau das aber wäre in meinen Augen die Aufgabe, ja geradezu die Amtspflicht eines Heimatministers und auch der Politik insgesamt: die Auseinandersetzung der vielen Menschen mit Migrationshintergrund mit Heimat, Zugehörigkeit und Identität endlich als ein gesamtgesellschaftliches Thema anzuerkennen, konkrete Maßnahmen zu treffen, die Zugehörigkeit bestärken, und Signale für einen offenen Heimatbegriff zu senden.

Hier wie überhaupt in interkulturellen Kontexten wäre bereits viel gewonnen, wenn wir nicht von »Heimat« im Singular sprächen, sondern von »Heimaten«. Ja, diese Pluralform gibt es wirklich, sie steht sogar im Duden. Es wäre ein Signal dafür, dass kein Mensch gezwungen ist, eindeutige Heimatgefühle zu hegen oder sich zwischen angeblich unvereinbaren Heimatgefühlen entscheiden zu müssen. Es gibt schließlich Hunderttausende, ja Millionen von MeTwolern in unserem Land.

Viel zu häufig wird Heimat mit Oberflächlichkeiten und greifbaren Informationen verbunden, etwa dem Pass oder der Geburtsstadt. Das zwängt viele Menschen mit Migrationsbiografien in ein Korsett, das wehtut und das Gefühl von Zerrissenheit nur verschlimmert. Der innere Kompass eines jeden Menschen richtet sich jedoch nicht nur auf einen Ort aus, sondern vor allem auch auf Menschen, Geschichten und Erfahrungen.

Manche mögen eine Vorstellung von Heimat im Plural irritierend finden, sie wollen eigentlich auch eine eindeutige Antwort auf die Woher-Frage haben und möchten das Woher gewissermaßen zementieren. Wir alle neigen dazu, fremde Menschen mithilfe der Normen zu betrachten, die oft schon seit der Kinderzeit in unseren Köpfen verankert sind. Das ist normal. Wir können ja nur die Maßstäbe für den Umgang mit anderen nutzen, die wir kennen. Doch ist es richtig, unsere Konzepte von »Heimat« auf andere zu übertragen, ohne in ihren Schuhen gesteckt zu haben? So individuell wir Menschen sind, so subjektiv sind auch unsere Lebensentwürfe und unser Umgang mit der eigenen Herkunft. Im 21. Jahrhundert, in einer Welt, die so in Bewegung geraten ist wie die unsere, ist es nichts Ungewöhnliches mehr, wenn Menschen sich mehreren Heimaten verbunden fühlen.

Stimmen zu #MeTwo: Was bedeutet Heimat für Sie?

Meine Mutter antwortet auf die Frage, was für sie Heimat ist, einfach: »Sohn, wenn du bei mir bist, ist Heimat.« Heimat ist da, wo Liebe, Verständnis und Vertrautheit sind – und sie sieht bei jedem anders aus. Das zeigen auch die folgenden Aussagen. Wie schon im ersten Kapitel stammen sie aus den Interviews, die ich für dieses Buch geführt habe. Ich bin überzeugt, dass es diese Stimmen der Vielfalt braucht, weil Deutschland eine Heimat für viele ist. Vielfalt ist das neue »Made in Germany«!

Karim Fereidooni
Ich habe nicht nur eine Heimat, sondern viele unterschiedliche Heimaten. Meine Heimatorte sind Räume, an denen ich mich nicht erklären muss und an denen ich ein unhinterfragter Teil der Gemeinschaft bin. In meinen Heimaten erfahre ich Liebe, Glück, Freude, Freundschaften, Zuversicht, Vertrauen und Solidarität.

Ayesha Khan
Zu »Heimat« habe ich ein ambivalentes Verhältnis. Zum einen ist es dieser romantische Sehnsuchtsort, die idyllische und perfekte Welt – zum anderen verbinde ich mit Heimat aber auch stets Heimatlosigkeit: Ich bin in einem anderen Land geboren als meine Eltern. Meine Eltern sind in anderen Ländern geboren als ihre Eltern. Ich habe mehrere Staatsangehörigkeiten und Verwandte, die sich als »British-Asian«, »Indian-American« oder »Indo-Canadian« bezeichnen. Ich habe eine kenianische Uroma und süd-

afrikanische Cousinen, und meine Familie hat in den letzten vier Generationen auf vier Kontinenten gelebt. Einige sind ausgewandert, andere geflüchtet und wieder andere vertrieben worden. Ich habe als Kind fünf Sprachen gelernt, heute spreche ich acht. Kolonialismus. Migration. Flucht. Meine Familienbiografie. Vielleicht ist Heimat ja gar kein physischer oder geografischer Ort, an dem wir leben müssen. Vielleicht ist es die Gesellschaft, in der wir gehört und verstanden werden.

Haci-Halil Uslucan

Heimat ist kein territorialer Ort allein (so etwa der Geburtsort), auch wenn es für einige das Dorf, die Heide oder die Wiese der frühen Kindheit sein mag; Heimat ist vielmehr ein sozialer Ort, ein Ort, an dem man geliebte Menschen um sich hat, an dem man sich anerkannt und respektiert fühlt; ein Ort, an dem man seine Grundüberzeugungen im Leben nicht immer wieder erklären oder rechtfertigen muss.

So gesehen kann es durchaus mehrere Heimaten geben, weil es mehrere solcher Kontexte gibt. Auch die Politik sollte etwas entspannter mit Mehrfachzugehörigkeiten und Mehrfachbeheimatungen umgehen.

Aylin Karabulut

Meine Beziehung zum Heimatbegriff in Deutschland, so wie er aktuell im Diskurs verwendet wird, ist sehr ambivalent. Ich nehme Heimat in diesem Kontext oft als sehr ausschließend, völkisch besetzt und als Selbstvergewisserung einer vermeintlich homogenen urdeutschen Identität wahr. Das ist für mich das Gegenteil der pluralen Gesellschaft, für die ich mich jeden Tag einsetze.

Und doch ist Deutschland meine Heimat. Als Jugendliche wurde

ich sehr oft und recht unvermittelt von fremden Personen gefragt: »Fühlst du dich eher türkisch oder eher deutsch?« Ich
wusste mit dieser Frage nie etwas anzufangen und weiß es bis
heute nicht. Diese Frage irritiert mich. Ich habe mich immer
schon gefragt: »Wie fühlt sich Deutschsein an?« und »Wie würde
sich Türkischsein im Gegensatz dazu anfühlen?«. Das »oder« in
der Frage der anderen impliziert, dass sich beide Kategorien gegenseitig ausschließen, dass Personen wie ich innerlich zerrissen
seien und sich deshalb entscheiden müssten. Aber ich bin nicht
zerrissen.

Meine echte Heimat ist daher eine Utopie. Meine Heimat ist eine
Haymat. Sie ist der Geschmack von Börek, Baklava und Çay.
Meine Haymat ist eine postmigrantische, plurale und diverse
Gesellschaft der Vielen, die wir alle gemeinsam gestalten.

Farhad Dilmaghani
Ich möchte selbstverständlich niemandem seinen Heimatbegriff
nehmen, der damit sein Zuhause-Gefühl treffend ausgedrückt
findet. Aber als nationale Klammer taugt er eben nicht. Die
Mehrheit in diesem Land verbindet mit »Heimat« ihr eigenes er-
fahrbares Lebensumfeld. Für eine moderne, vielfältige und auch
dynamische Gesellschaft, die davon lebt, dass sich möglichst
viele mit ihr identifizieren können, wirkt er nicht nur altbacken,
sondern auch kontraproduktiv, weil er reaktionäre Narrative
stärkt. Mir kommt es so vor, als versuche man so die Idee der Leitkultur über die Hintertür einzuführen. Ich verstehe auch nicht
das Argument, warum man den »Rechten« den Begriff politisch
entreißen müsse, um ihn modern zu besetzen. So als gäbe es nur
dieses eine Wort, um über das zu sprechen, was die Grundlage
für Zusammenhalt beschreiben könnte. Was macht denn dieses
Land aus, worauf wir uns einigen können? Diese Schnittmenge

zu benennen, darauf kommt es an. Das Grundgesetz steht da un-angefochten an erster Stelle, und auch die soziale Marktwirt-schaft hat eine relativ breite Akzeptanz. Statt rückwärtsgerichte-ter Heimat brauchen wir ein gemeinsames, zukunftsgerichtetes, demokratisches Leitbild.

Rausgehen und loslegen!

Auf den vorherigen Seiten habe ich viel über Freundschaft, Respekt und Toleranz geschrieben. Davon, dass wir alle gemeinsam unsere sich wandelnde Gesellschaft konstruktiv mitgestalten können und dass wir insbesondere dem Alltagsrassismus, den #MeTwo so deutlich zum Ausdruck gebracht hat, wirksam Paroli bieten können. Während ich die Arbeiten an diesem Buch abschließe, im Sommer 2019, stellt sich angesichts der Nachrichtenlage allerdings die Frage, ob meine Überzeugungen und mein Optimismus nicht viel zu traumtänzerisch und naiv sind. Die Liste der Schlagzeilen, die rassistische Tendenzen und Übergriffe bis hin zu Mord zum Thema haben, wird immer länger. Und unübersehbar ist das anhaltende Erstarken extremer rechter Gruppierungen, die, so steht zu befürchten, bei den kommenden Landtagswahlen große Erfolge einfahren werden. Was ist also mit denen, die weder ein Miteinander wollen noch Menschen mit Migrationshintergrund in unserer Gesellschaft akzeptieren? Was ist mit denen, die Rassismus gutheißen, die mit ihrer Demagogie andere aufhetzen oder gar zu offener Gewalt verleiten? Und was ist schließlich mit denen, die das alles durch ihr Schweigen unterstützen?

Ich bin mir im Klaren darüber, dass wir bei den meisten dieser Menschen mit noch so viel Wertschätzung und Freundlichkeit nicht weiterkommen werden. Gewalt und Rechtsextremismus sind nichts, das sich einfach »wegreden« lässt. Wo es darum geht, die rote Linie zu halten und den Schutz der Rechte und Werte aller Bürgerinnen und Bürger zu gewährleisten, ist der Staat mit seinen Sicherheitsorganen, Staatsanwaltschaften und Gerichten gefragt. Leider lässt die jüngste Häufung beunruhigender Ereignisse nicht nur mich an der Wirksamkeit und Entschlossenheit dieses Schutzes zweifeln.

Die Realität ist brutal, und der Wind weht in eine bedrohliche Richtung. Entsprechend prägen negative Schlagzeilen das gesellschaftliche Klima und unsere Wahrnehmung. Ich bin daher weit davon entfernt, alles schönzureden. Doch auf der anderen Seite bekommen wir viel zu wenig von den Erfolgen mit, von positiven Nachrichten und Entwicklungen. Wann lesen wir denn Nachrichten wie zum Beispiel: »Und heute haben sich wieder 100 Menschen erfolgreich integriert!« Oder: »Heute haben sich wieder 100 Menschen mit unterschiedlicher Herkunft einander angenähert und voneinander gelernt.« Im Jahr wären das immerhin jeweils 365 000 Menschen! Der positive Trend wäre sichtbarer. Ich bin und bleibe nämlich davon überzeugt, dass unsere Gesellschaft deutlich weiter ist als noch vor einigen Jahren! Die vielen Menschen, die unter #MeTwo ihre Geschichten geteilt haben, werden auch in Zukunft wachsam auf Diskriminierung reagieren. Sie sind selbstbewusster geworden und erheben die Stimme. Nur wer sich einer Gesellschaft auch zugehörig fühlt, will sie gestalten und stellt Forderungen. Also deute ich es positiv, wie viele Menschen mit Migrationshintergrund partizipieren – online und real.

An der Fassade des VielRespektZentrums habe ich Porträts von neun Persönlichkeiten anbringen lassen, die gezeigt haben, dass wir Hoffnung haben dürfen. Sie alle sind auf ihre Weise meine Vorbilder: Albert Einstein, Mahatma Gandhi, Martin

Luther King, Nelson Mandela, Dschalal ad-Din Muhammad Rumi, Sophie Scholl, Albert Schweitzer, Bertha von Suttner, Malala Yousafzai. Sophie Scholl, Mitglied der Weißen Rose, hat mich mit ihrem Mut und ihrer Entschlossenheit nachhaltig beeindruckt. Und da ist Martin Luther King, der berühmte Pastor und Bürgerrechtler, der sich in den Fünfziger- und Sechzigerjahren für die Rechte von Schwarzen in den USA eingesetzt hat. Fast jeder kennt seine berühmte »I have a Dream«-Rede, die er am 28. August 1963 vor mehr als 200 000 Menschen in Washington, D.C., gehalten hat. Darin spricht King davon, dass er sich ein besseres Amerika wünscht, ein Amerika, in dem kein Platz für Rassentrennung und Hass ist, in dem alle Menschen ungeachtet ihrer Hautfarbe, ihrer Religion und ihrer Herkunft gleichgestellt und gleich behandelt werden.

Was mich schon immer besonders fasziniert hat, ist allerdings die Tatsache, dass die Rede als die »I have a Dream«-Rede in die Geschichte einging, obwohl King *vor* dem »I have a Dream«-Abschnitt erst einmal ausführlich über die Probleme spricht, mit denen die Gesellschaft zu kämpfen hat. Dadurch wird die eigentliche Botschaft des »Traums« umso deutlicher. So viele Probleme es auch noch gibt, wir brauchen eine Vorstellung davon, wo wir hinmöchten. Indem King über seinen Traum spricht, kann er andere in seinen Bann ziehen und für eine bessere Zukunft begeistern. Nicht die Abschnitte darüber, wogegen King war, haben die Menschen seither begeistert, sondern die Abschnitte über das, wofür er war. Wie soll unsere Gesellschaft aussehen? Wie können wir besser miteinander leben?

Und, liebe Leserinnen und Leser, was ist Euer Traum? Was möchtet Ihr im Alltag dafür tun, um dieses Ziel zu erreichen? Am Ende zählen Taten! Und solange wir wachsam sind, mitfühlen und uns einbringen, dürfen wir Hoffnung haben. Wie viele andere, so überkommt auch mich Angst, wenn ich an rechtsextremistische Gewalttaten wie den Mord an dem hessischen CDU-Politiker und Regierungspräsidenten von Kassel Walter Lübcke denke. Dennoch ist dieses Buch mein persönlicher Versuch, der Angst etwas entgegenzustellen, Hoffnung zu stärken und Impulse zum Engagement zu geben. Ich bin überzeugt: Viele kleine gute Dinge können wie Tropfen sein, die einen ganzen Ozean füllen. In diesem Sinne lade ich alle ein, unsere Gesellschaft zum Positiven mitzugestalten. Gehen wir raus und machen die Welt ein Stückchen besser!

Danksagung

Mit Ludger Ikas, dem Lektor des Buches, habe ich über mehrere Monate eng zusammengearbeitet. Lieber Ludger, ich danke Dir von Herzen für alles. Für Deine Geduld, Dein großes Engagement selbst bei fast 40 Grad im Schatten, Deine motivierende Art und Deine Zuversicht, dass wir das hinkriegen. Ohne Deine Zuarbeit und die Döner- und Falafelpausen zwischen den gemeinsamen Arbeitssessions in Berlin wäre das Buch ein gänzlich anderes geworden!

Mein großer Dank gilt auch allen anderen Mitarbeiterinnen und Mitarbeitern des Dudenverlags, die sich auf unterschiedlichste Weise für das Buch eingesetzt haben, insbesondere Juliane von Laffert, die, als es mal eng wurde, wertvolle textliche Anregungen lieferte, und dem freien Lektor Malte Ritter, der entscheidend zum Feinschliff des Textes beigetragen hat. Großartig, dass Ihr Euch auf das »Abenteuer« eingelassen habt.

Von Herzen danke ich auch Juliane Metzker, Karin Meyer, Sandhya Küsters, Dorothee Wolff, Philipp Hübl, Stefan Nitzsche, Martha Manuela Bienert und Pedro Hafermann. Jede und jeder Einzelne von Euch hat zum Gelingen dieses Buches beigetragen und Spuren darin hinterlassen. Dieses Buch wäre nicht das, was es jetzt ist, ohne Eure Unterstützung.

Vielen Dank an meine Familie: Papa Mehmet-Ali, Mama Seyhan, meinen Bruder Ugur und meine Schwestern Gamze und

Zilan. Danke, dass Ihr selbst in unserem Urlaub Geduld mit mir hattet, während ich tagsüber häufig im Hotelzimmer blieb und schrieb. Ihr seid meine Helden, es ist schließlich auch ein Buch über unsere Geschichte. Ich liebe Euch.

Ein besonderer Dank gilt auch meinen Interviewpartnerinnen und -partnern, die ihre persönliche Sichtweise eingebracht haben: Maja Bogojević, Farhad Dilmaghani, Aylin Karabulut, Hasnain Kazim, Ayesha Khan, Aladin El-Mafaalani, Malcolm Ohanwe, Reyhan Şahin, Haci-Halil Uslucan. Ihr arbeitet bereits auf unterschiedlichen Wegen zu den Themen des Buches und für ein besseres Miteinander in unserer Gesellschaft!

Danke sage ich auch: Darius Küller, Freya Brandtmann, Reinhard Wiesemann, Monika Rintelen, Mehmet Kirisik, Oli Hörn Mensing, Ariane Elshof, Ulla und Holger Niemeyer, meinen Mitbewohnerinnen und Mitbewohnern im Generationenkulthaus, den (auch ehrenamtlichen) Mitarbeiterinnen und Mitarbeitern im VielRespektZentrum: Laura Schoeler, Ani Hess, Dominik De Marco, Safaa Kasshan, Marvin Fuchs, Helga Kappelhoff, Silke Ganter, Ali Shehatta, Esref Cakar, Sevil Aydin, Adam Anders, Serdar Ablak, Clara Gsella, Adib Matty, Wing Sum und allen anderen, die das VielRespektZentrum unterstützen!

Schließlich möchte ich allen Menschen danken, die mir in unterschiedlichen Kontexten dabei helfen, mich weiterzuentwickeln, zu wachsen, vor allem aber zu lernen, was Wertschätzung, Freundschaft und Liebe bedeuten.

Am Ende gilt mein Dank allen, die sich solidarisch einbringen, Wertschätzung zeigen und auch an andere denken. Wir schaffen das!

Anmerkungen

1 https://www.tagesschau.de/inland/
tuerkei-wahl-deutschland-107.html

2 *BILD*-Zeitung vom 30.06.2018, https://
www.bild.de/bild-plus/sport/fussball/
mesut-oezil/kosmos-mesut-oezil-
56169332,view=conversionToLogin.bild.
html

3 https://twitter.com/ConstSchreiber/
status/996057262891388930?ref_
src=twsrc%5Etfw%7Ctwcamp%5Etwee
tembed%7Ctwterm%5E99605726289138
88930&ref_url=https%3A%2F%2Fwww.
bild.de%2Fpolitik%2Fausland%2Frecep-
tayyip-erdogan%2Foezil-guendogan-
nach-erdogan-propaganda-zur-
wm-55698998.bild.html

4 https://www.businessinsider.de/
prosieben-sorgt-mit-unangebrachtem-
oezil-tweet-nach-dem-wm-spiel-fuer-
aufregung-2018-6

5 https://www.watson.de/sport/kommen-
tar/446192601-viele-geben-jetzt-mesut-
oezil-schuld-am-wm-aus-und-das-ist-
schwachsinn

6 Er hat den Tweet wieder gelöscht. Indirekte
Quelle: https://www.sueddeutsche.de/
muenchen/oezil-guendogan-erdogan-
deutsches-theater-1.4018175

7 Er hat den Tweet wieder gelöscht.
Indirekte Quelle: https://www.faz.
net/aktuell/politik/inland/oezil-und-
guendogan-spd-stadtrat-beleidigt-
nationalspieler-15605678.html

8 https://www.welt.de/newsticker/dpa_
nt/afxline/topthemen/hintergruende/
article179799268/Die-
Ruecktrittserklaerung-von-Mesut-
Oezil-in-Auszuegen.html

9 https://www.welt.de/sport/fussball/
article137668834/Wenn-die-
Fussballkabine-zur-Moschee-wird.html

10 https://www.rbb24.de/sport/
beitrag/2018/07/mehmet-matur-mesut-
oezil-integration-berliner-fussball-
verband.html

11 https://www.facebook.com/
PerspectiveDailyMedia/photos/a.14548
19471489708/1880143472290637/?type=
3&theater

12 Hier geht es direkt zum Test:
https://www.spiegel.de/quiztool/
quiztool-62775.html

13 https://www.stern.de/gesundheit/-
factfulness--von-hans-rosling--die-welt-
ist-besser-als-wir-glauben-8342642.html

14 https://www.facebook.com/
watch/?v=1881267988844852

15 https://twitter.com/MalcolmOhanwe/
status/1022341672506671104

16 https://twitter.com/hrt17/
status/1022872266311389185

17 https://twitter.com/_vanessavu/
status/1022562959594283015?s=20

18 https://twitter.com/ahmedalhalabi/
status/1023344788987420673

19 https://twitter.com/oguz/
status/1022452823370461185

20 Zu diesen und den folgenden Zahlen
und Analysen siehe insbesondere zwei
Artikel von Juliane Metzker: https://
perspective-daily.de/article/589/
NpboHuTt#/ und https://perspective-
daily.de/article/586/XitK1Fbs

21 https://www.sueddeutsche.de/
leben/twitter-aktion-metwo-

offenbart-alltaeglichen-rassismus-in-
deutschland-1.4071558

22 https://www.stern.de/neon/wilde-welt/
gesellschaft/-metwo--twitter-user-
teilen-ihre-krassen-erfahrungen-mit-
rassismus-8186222.html

23 https://meedia.de/2018/07/26/
nach-oezil-ruecktritt-twitter-nutzer-
teilen-unter-metwo-ihre-rassismus-
erfahrungen-im-alltag/

24 https://www.facebook.com/KatjaKipping/
posts/gern-unterst%C3%BCtze-ich-
die-initiative-von-ali-can-f%C3%BCr-
einen-antidiskriminierungs -h/
2004315529600430/

25 https://twitter.com/HeikoMaas/
status/1022797917466361856

26 https://twitter.com/cem_oezdemir/
status/1022799010694877184?lang=de

27 http://www.bundespraesident.de/
SharedDocs/Reden/DE/Frank-Walter-
Steinmeier/Reden/2018/08/180822-
Kaffeetafel-tuerkisch-deutsch.html
(Kursivierung im Original)

28 Siehe https://www.aljazeera.com/
indepth/features/metwo-nationalist-
anger-rises-stories-everyday-
racism-180903221934064.html
(dt. Übersetzung von mir)

29 https://twitter.com/Koschda77/
status/1022685553630871552?s=20

30 https://www.bild.de/sport/fussball/
nationalmannschaft/oezil-analyse-juli-
an-reichelt-56397550.bild.html

31 https://www.spiegel.de/kultur/
gesellschaft/rassismus-in-deutschland-
wischtechnik-immer-falsch-
kolumne-a-1220777.html

32 http://www.bundespraesident.de/
SharedDocs/Reden/DE/Frank-Walter-
Steinmeier/Reden/2018/08/180822-
Kaffeetafel-tuerkisch-deutsch.html

33 https://twitter.com/janfleischhauer/
status/1022555964405362693?lang=de

34 https://www.spiegel.de/politik/
deutschland/metwo-debatte-
hauptsache-ihr-favt-meine-
tweets-a-1221348.html

35 Diese Ausführungen zu Wittgenstein
verdanke ich einem persönlichen Austausch mit dem Philosophen Philipp
Hübl.

36 CorrelAid, ein aus ehrenamtlichen
Datenanalystinnen und -analysten
bestehender Verein aus Deutschland,
hat eine ausführliche inhaltliche Analyse
der Tweets sowie eine Netzwerkanalyse
der an der Online-Debatte Beteiligten
durchgeführt. Die Ergebnisse wurden
auf der interaktiven Homepage https://
metwo.correlaid.org/ veröffentlicht.

37 https://twitter.com/labiledeutsche/
status/1022515913793433601?ref_
src=twsrc%5Etfw%7Ctwcamp%-
5Etweetembed%7Ctwterm%5E10
22515913793433601&ref_url=https-
%3A%2F%2Fperspective-daily.de%2F-
article%2F589%2FDdr9hIap

38 https://www.frontiersin.org/
articles/10.3389/fpsyg.2018.00481/full

39 https://twitter.com/shahakshapira/
status/1022500546404605952?lang=de

40 https://twitter.com/sosumbu/status/102
2525273676435456?lang=de

41 https://twitter.com/ArianeBayer4/
status/1022842650356051974?ref_
src=twsrc%5Etfw%7Ctwcamp%-
5Etweetembed%7Ctwterm%5E102
2842650356051974&ref_url=https-
%3A%2F%2Fperspective-daily.de%2F-
article%2F589%2FDdr9hIap

42 Für eine Definition von Intersektionalität
siehe u. a. https://gender-glossar.de/
glossar/item/25-intersektionalitaet.

43   https://twitter.com/Yakotomusic/
      status/1022391105105670144

44   https://www.horizont.net/tech/
      nachrichten/studie-deutsche-twitterer-
      sind-jung-einkommensstark-und-
      markenaffin-174405

45   http://www.taz.de/!5524188/

46   https://twitter.com/yasyueksel/
      status/1023121097187844096?s=20

47   https://twitter.com/DuezenTekkal/
      status/1022599438215331840?s=20

48   https://twitter.com/HaticeAkyuen/
      status/1023560381858492416?s=20

49   https://twitter.com/ladybitchray1/
      status/1027824198230704128

50   https://www.faz.net/aktuell/
      gesellschaft/menschen/hotline-fuer-
      besorgte-buerger-warum-ein-kurde-
      mit-einem-afd-politiker-befreundet-
      ist-15180692.html

51   https://www.bild.de/regional/berlin/
      berlin-aktuell/berliner-rektorin-klagt-
      nur-1-von-103-kindern-spricht-zu-hause-
      deutsch-58543002.bild.html

52   https://www.bz-berlin.de/berlin/
      neukoelln/b-z-ortsbesuch-im-viertel-
      der-gescheiterten-integration

53   Siehe z. B. https://www.deutschland-
      funkkultur.de/rassismus-macht-den-
      koerper-krank-wie-tausende-
      kleine.976.de.html?dram:article_
      id=422167 und https://www.socialnet.de/
      materialien/attach/285.pdf

54   https://www.zeit.de/video/2016-
      01/4722180430001/fluechtlinge-ein-
      student-kaempft-gegen-vorurteile

55   https://www.giessener-anzeiger.de/
      lokales/stadt-giessen/nachrichten-
      giessen/ali-can-verschenkt-zeit-und-
      mochte-helfen-sich-fremden-kulturen-
      zu-offnen_16576954#

56   Siehe https://www.spiegel.de/politik/
      deutschland/sachsen-schuesse-
      auf-fluechtlingsheim-boehlen-bei-
      leipzig-a-1043832.html und https://
      www.saechsische.de/asylunterkunft-im-
      leonardo-schliesst-3398773.html

57   https://www.spiegel.de/politik/
      deutschland/clausnitz-video-
      zeigt-vorgehen-der-polizei-gegen-
      fluechtlinge-a-1078394.html

58   https://www.spiegel.de/panorama/
      gesellschaft/fluechtlinge-ali-can-
      bietet-hotline-fuer-besorgte-buerger-
      an-a-1111169.html

59   *Hotline für besorgte Bürger. Antworten vom
      Asylbewerber Ihres Vertrauens*, Köln 2017.

60   https://www.startnext.com/
      migrantdesvertrauens

61   Die Webseite zur Show ist
      www.alimania.de

62   https://www.youtube.com/
      watch?v=WD0sp0YcsH4

63   https://twitter.com/MalcolmMusic/
      status/1097438488696406017

64   https://twitter.com/UllaSaure/
      status/1097787372056600576

65   türkisch: Woher kommst du?

66   https://www.zeit.de/gesellschaft/
      zeitgeschehen/2019-05/horst-
      seehofer-heimat-vermaechtnis-studie-
      heimatminister/komplettansicht

Anmerkung: Zitate und Kommentare aus sozialen
Netzwerken wurden nicht korrigiert, alle Fehler im Original

© Duden 2019   D C B A
Bibliographisches Institut GmbH, Mecklenburgische Straße 53, 14197 Berlin

Redaktion Dr. Ludger Ikas
Lektorat Malte Ritter
Herstellung Ursula Fürst
Layout, Satz und Umschlaggestaltung Schimmelpenninck.Gestaltung, Berlin
Umschlagabbildung Milena Schlösser, Berlin
Druck und Bindung CPI books GmbH, Birkstraße 10, 25917 Leck
Printed in Germany

ISBN 978-3-411-74732-0
Auch als E-Book erhältlich unter: ISBN 978-3-411-91299-5
www.duden.de